ビジュアル版

一冊でつかむ

世界の神話

監修 東ゆみこ

河出書房新社

はじめに
―人類の遺産〝神話〟とは何か？

今、神話が注目されています。

現代という不透明な時代。求める情報を瞬時に得ることができる一方、何が正しくて何が間違っているのか、わからなくなっているこの時代に、なぜ私たちは神話に惹《ひ》かれるのでしょうか。

その問いに応えるためには、まず神話とはどのようなものなのか、どのように伝えられてきたのかを知り、私たちが神話に何を求めているのかを考えることが必要です。

神話は、古代の人々がどのように世界を捉えていたかを物語るものです。たとえば、

世界はどのようにして始まったのか。
祖先はどこからやってきたのか。
どうして人間は死ななければならないのか。
死んだあとはどこへ行くのか……。

このような、ことがらの起源や存在の理由は、科学の発達した現代でも、すぐに答えることのできない難問です。古代の人々は、これらの不可思

議な謎に対し、神々や神々の血を受け継ぐ英雄たちの物語などで説明しようとしました。これが神話です。20世紀を代表する文化人類学者レヴィ＝ストロースによれば、現代では別々の学問分野に属し、違った原理で説明しようとすることがらを、神話はひとつの筋の中で物語ろうとしているといいます。

ところで、神話は古代人にとって極めて重要な知恵であり、古い世代から新しい世代へと語り継がれてきました。このように、口承《こうしょう》を基本とするため、痕跡《こんせき》をほとんど残さずに消滅した神話もあると推測されます。しかし、それでも、現在の私たちは文書や石像、レリーフ、絵画などを手がかりに、神話に潜む古代人の世界観をうかがい知ることができるのです。

興味深いことに、世界各地で伝承されてきた神話には、登場するキャラクターの姿形や性格などは異なるものの、非常によく似た展開の物語があちこちに存在します。

世界の始まりの神話もそうです。人間が誕生する前から存在していたとされる巨人の神話も、また、この世界のほかに別世界があるという世界観も共通しています。

さらにいえば、神々や英雄たちが超自然的な力を発揮して、巨人やドラゴンなどのモンスターと闘うことも、その結果、乙女を得る話も、世界各地の神話に見られます。闘いの相手が父母や子ども、兄弟姉妹ということもあります。困難に陥った英雄に対して助言を与える者が登場するのも似ています。

このようなことから、神話には古今東西の人類に共通した無意識や記憶が現れていると考える研究者もいます。分析心理学者ユングがその代表です。世界中のそれぞれの民族は、共通するものを持っているというのです。私は、現代人が神話に惹かれるのは、それを求めているからではないかと考えています。

神話は、小説やドラマ・映画、マンガやアニメ、ゲームなどにおけるキャラクター設定やストーリーをはじめ、絵画や彫刻・フィギュアなどのひな形としても、大きな影響を与えてきました。神話的なモチーフから生み出される作品群は、これまで無数に創られてきました。現在も創られていますし、これからもそうでしょう。

現代人は、気づかないうちに神話に取り囲まれており、神話に夢中になっているのです。それは、不透明で混迷した時代だからこそ、自身の揺るぎない源泉を探りあてたいという、私たちの不安や願望をあらわしているのかもしれません。

本書『一冊でつかむ世界の神話』は、世界の神話の中でもとくに有名な、教養としても知っておきたいものを、コンパクトにまとめて理解することを目的としています。神々や英雄の画像を添えた系統図や地図も掲載しています。

あなたがおもしろいと感じる神話は何でしょうか。また、その神話のどこをおもしろいと感じたのでしょうか。本書で、ぜひ、あなたの源泉を探ってみてください。

東ゆみこ

本書で紹介する世界の神話

マヤ・アステカ神話（第6章）
ユカタン半島で興ったマヤ・アステカ文明の、生贄文化に影響を与えた創世の物語。（▶114ページ）

北欧神話（第2章）
フィンランドをのぞく北欧およびゲルマン社会で伝えられた神話を詩文と韻文にまとめた神話群。神々と巨人族の争い、最終戦争が語られる。（▶36ページ）

ケルト神話（第3章）
アイルランドに渡ったケルト人が語り継いだ神話群。創世神話はなく、神々の来寇に始まり、神々と英雄の複数の物語群がある。（▶58ページ）

ギリシャ神話（第1章）
古代ギリシャの諸民族が、叙事詩や口承で伝えてきた、世界創造の神話や神々と英雄たちの物語。（▶10ページ）

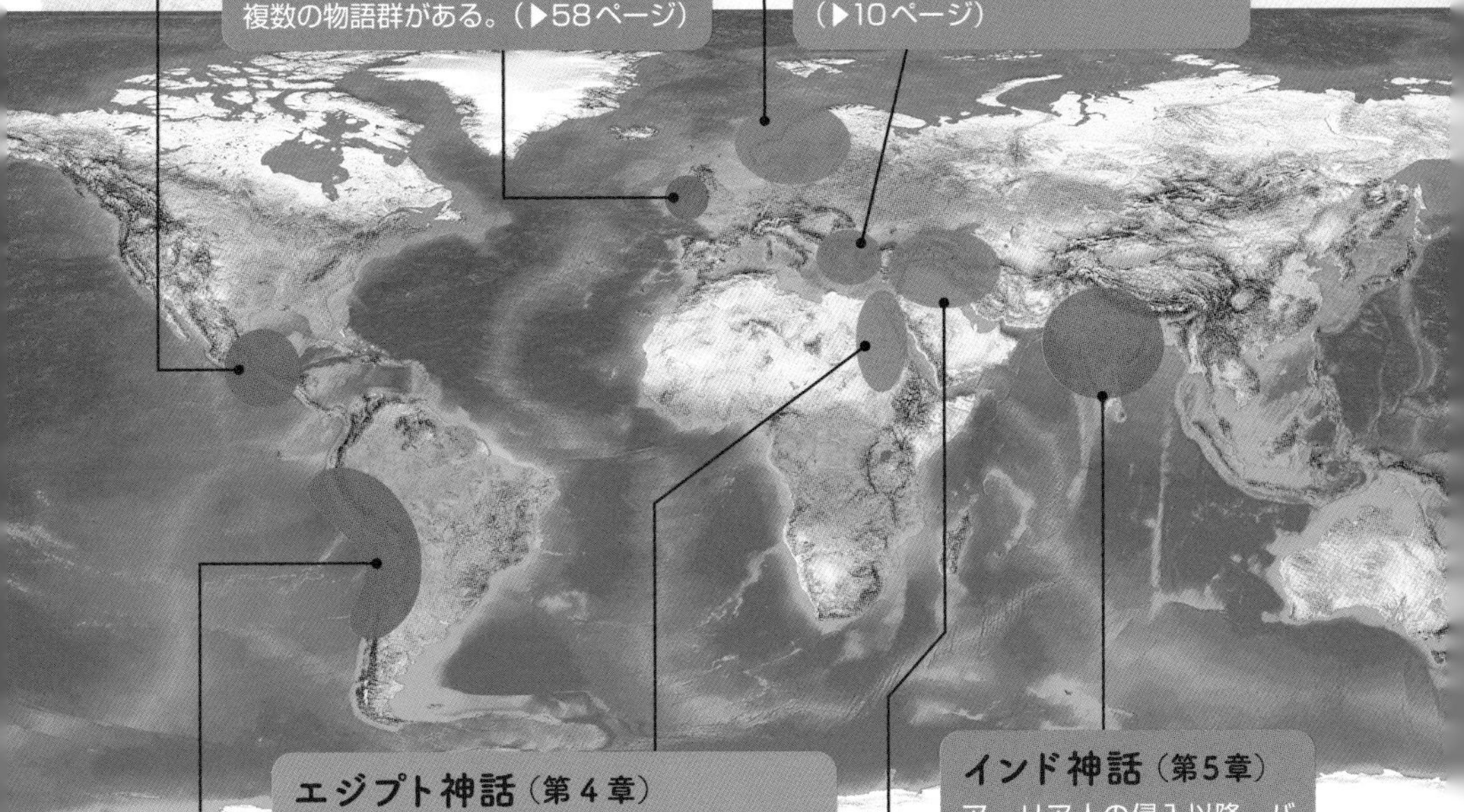

エジプト神話（第4章）
ナイル川流域で生まれたエジプト文明において語られた神話群。太陽神ラーやオシリスの神話が古代エジプト人の世界観、死生観に大きな影響を与えた。（▶76ページ）

インド神話（第5章）
アーリア人の侵入以降、バラモン教が興り、ヒンドゥー教へと発展するなかで形作られていった多くの神々の神話群。（▶96ページ）

インカ神話（第6章）
南米アンデスに興ったインカ帝国において語られた、ビラコチャによる創世神話や太陽神インティによる王権起源神話から成る神話群。（▶114ページ）

メソポタミア神話（第4章）
メソポタミア文明の最初の担い手となったシュメール人が、楔形文字で記した神話群。聖書など様々な神話に影響を与えた。（▶76ページ）

もくじ

第3章　ケルト神話

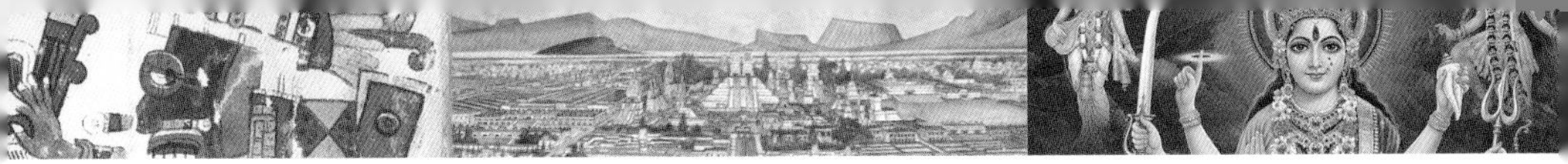

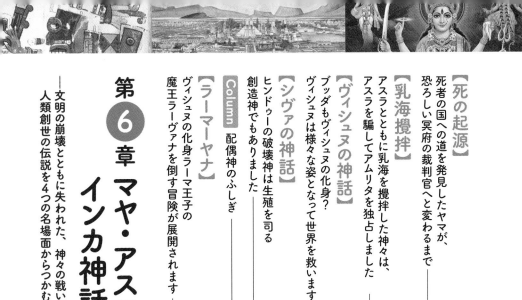

第1章

ギリシャ神話

Greek Mythology

ヨーロッパ思想の源流となった、
神々と英雄たちの物語を
8つの名場面からつかむ!

本章を読む前につかんでおきたい

ギリシャ神話の概要

古代ギリシャの諸民族が口承《こうしょう》で伝えてきた伝承を、古代の詩人たちが『イリアス』『オデュッセイア』といった叙事詩などにまとめたのがギリシャ神話です。

その内容は、大きく創世神話、神々の物語、英雄の物語で構成され、西洋の文化や芸術に大きな影響を与えてきました。

創世神話はカオス（空虚）から大地ガイアが生まれ、ウラノス、クロノス、ゼウスという系譜へと続きます。やがてゼウス率いるオリュンポスの神々が、父クロノス率いるティタン神族と戦ったティタノマキア、巨人族と戦ったギガントマキアに勝利して世界の支配者となりました。

神々の物語では、ゼウスとその兄弟、子供たちを中心とする神々が、恋や争い、喧嘩《けんか》など人間臭い物語を繰り広げます。ゼウス自身も多数の女性と関係を持ち、多くの英雄や神、王を生み出しました。

神々の物語に続いて半神半人の英雄や、人間の物語が描かれ、ゼウスの子ヘラクレスが 12 の難業を克服したり、ペルセウスがメドゥサを退治したりと、冒険物語が展開されます。

最後はギリシャ中の英雄がトロイアに攻め込み、神々の愛憎関係も絡んだトロイア戦争が始まります。戦争は木馬作戦によってギリシャ軍が勝利を収め、時代は神話から歴史へと移行していきます。

の流れ

創世神話、神々の物語、人間の物語の
3部から成る、神話群を俯瞰する

創世神話

世界の誕生

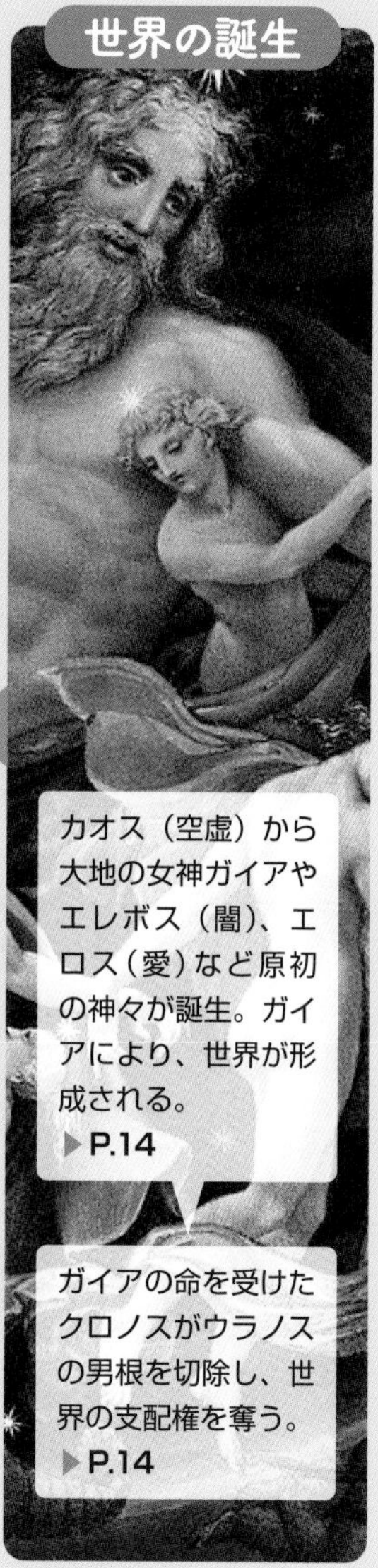

カオス（空虚）から大地の女神ガイアやエレボス（闇）、エロス（愛）など原初の神々が誕生。ガイアにより、世界が形成される。
▶P.14

ガイアの命を受けたクロノスがウラノスの男根を切除し、世界の支配権を奪う。
▶P.14

ティタノマキアとギガントマキア

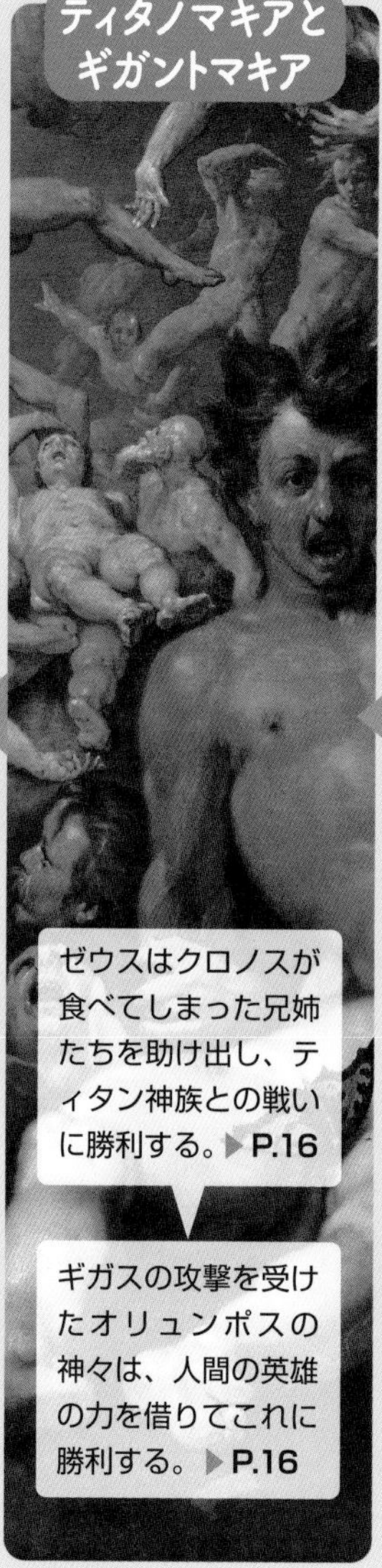

ゼウスはクロノスが食べてしまった兄姉たちを助け出し、ティタン神族との戦いに勝利する。▶P.16

ギガスの攻撃を受けたオリュンポスの神々は、人間の英雄の力を借りてこれに勝利する。▶P.16

人類の誕生

プロメテウスが火と文明を人類に与える。▶P.20

人類は世代を経るなかで次第に堕落。ゼウスは大洪水を起こしてこれを滅ぼす。しかし、生き残ったヘレンによりその系譜が紡がれていく。
▶P.22

あらすじマップでわかる！

ギリシャ神話

神々の物語

神々の恋愛譚

ゼウスをはじめとする神々が、神や人間との恋愛物語を繰り広げ、子孫をもうける。▶P.24、P.34

人間の物語

トロイア戦争

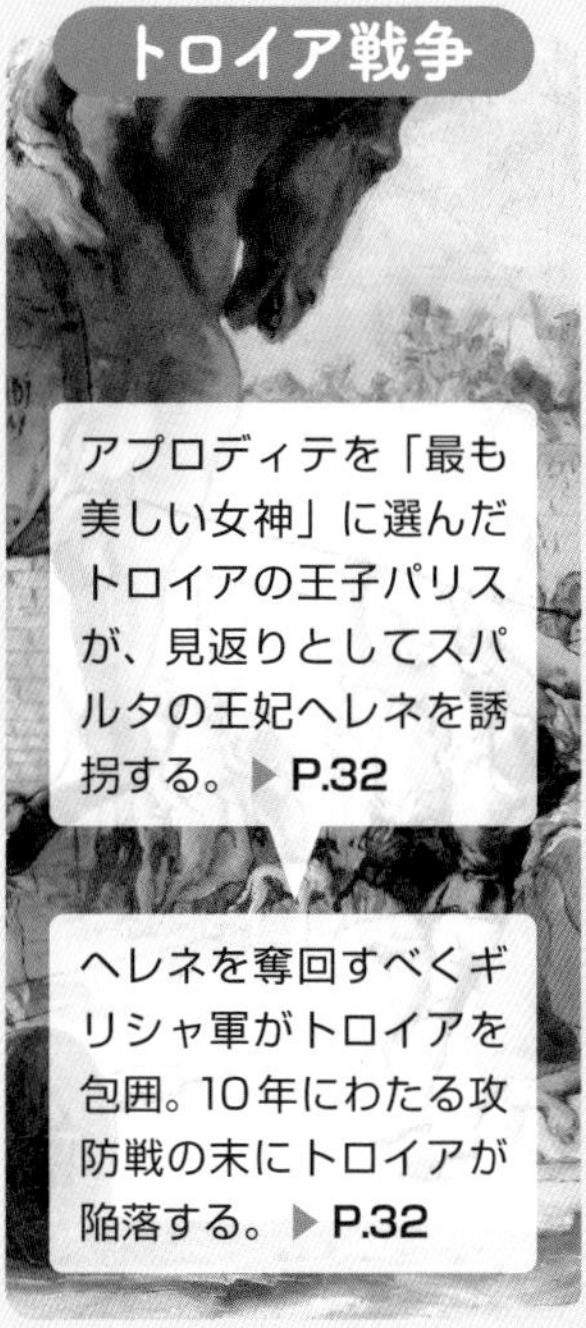

アプロディテを「最も美しい女神」に選んだトロイアの王子パリスが、見返りとしてスパルタの王妃ヘレネを誘拐する。▶P.32

ヘレネを奪回すべくギリシャ軍がトロイアを包囲。10年にわたる攻防戦の末にトロイアが陥落する。▶P.32

英雄たちの物語

半神半人の英雄たちが、モンスター退治に活躍する。▶P.26、P.28、P.30

人間たちの物語

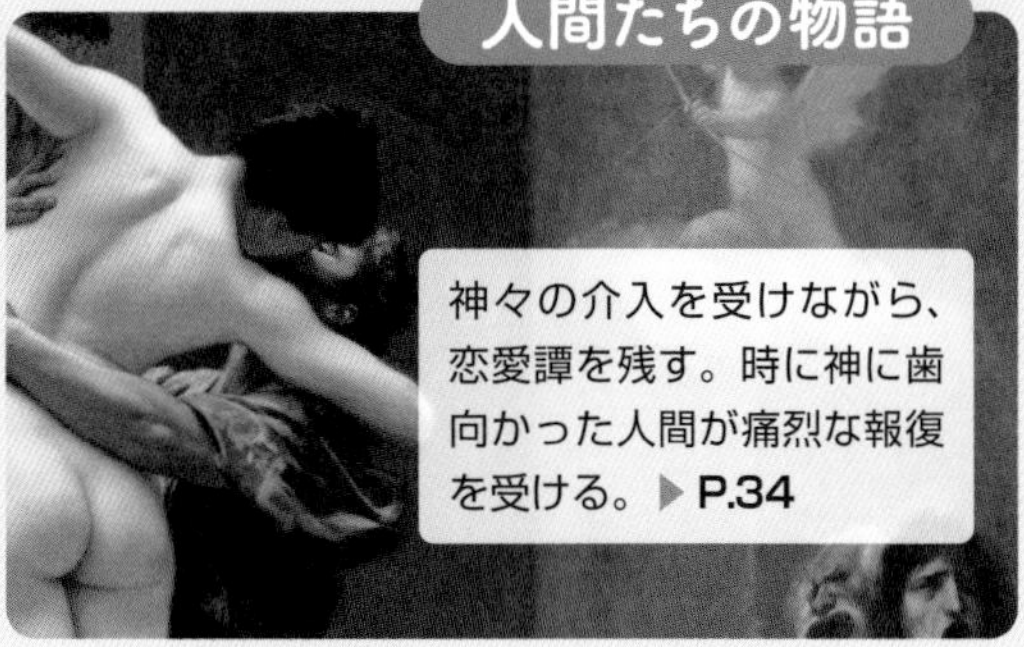

神々の介入を受けながら、恋愛譚を残す。時に神に歯向かった人間が痛烈な報復を受ける。▶P.34

世界の誕生―創世神話

カオスから生じた大地、愛、夜……さらに大地は天空と交わり神々が生まれます

世界は空洞から生まれたというのがギリシャ神話の特徴だ。最初に登場したのは大地の女神である私ガイア。私の働きでウラノスら天と地と海の神々が生まれ、私とウラノスの交わりで世界が完成するのだ。ところがウラノスの奴め、私の生んだ怪物が気に入らないと言って閉じ込めるとは！　許せぬ。思い知らせてやろう。

ガイア

ギリシャ神話における世界の始まりは、ヘシオドスの『神統記《しんとうき》』に記されます。

ギリシャ神話は、唯一の神がすべてを創造したキリスト教の創世記と異なり、何もないところに神々が生まれたのが特徴です。

世界はカオス（空虚）、つまり何もない空洞から始まりました。そこに最初に大地の女神ガイアが生じ、さらにタルタロス（大地の奥底）、エロス（愛）、続いてエレボス（闇）とニュクス（夜）など原始の神々が生じます。ガイアは自力でウラノス（天空）と山々とポントス（海原）を生み、天と地と海からなる世界を完成させます。

さらに大地ガイアは、世界の支配権を与えた天空ウラノスと交わり、男女12神の巨神、ティタン神族を産み出しました。

さらに、ひとつ目の巨人キュクロプスや50の頭と100の腕を持つヘカトンケイレスといった怪物を産みますが、これを嫌ったウラノスが、大地の奥底《タルタロス》に彼らを閉じ込めてしまいます。

ガイアの命を受け、父を倒した末子クロノス

この横暴に怒ったガイアは、我が子のティタンたちにウラノスを討つようけしかけました。ティタンたちが父を恐れて尻込みするなか、末子のクロノスが名乗り出て、ガイアから託されたアダマスという固い金属でつくられた大鎌で、父ウラノスの男根を切断。ウラノスは男根とともに世界の支配権を失い、代わってクロノスが世界の王となります。

一方のウラノスは、「お前も我が子にその座を奪われる」と、クロノスに不吉な予言を残すのでした。

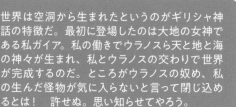

神々の誕生と系譜

ヘシオドスの『神統記』によると、万物はカオスから生じたとされ、ティタン神族へ至る系譜が語られる。

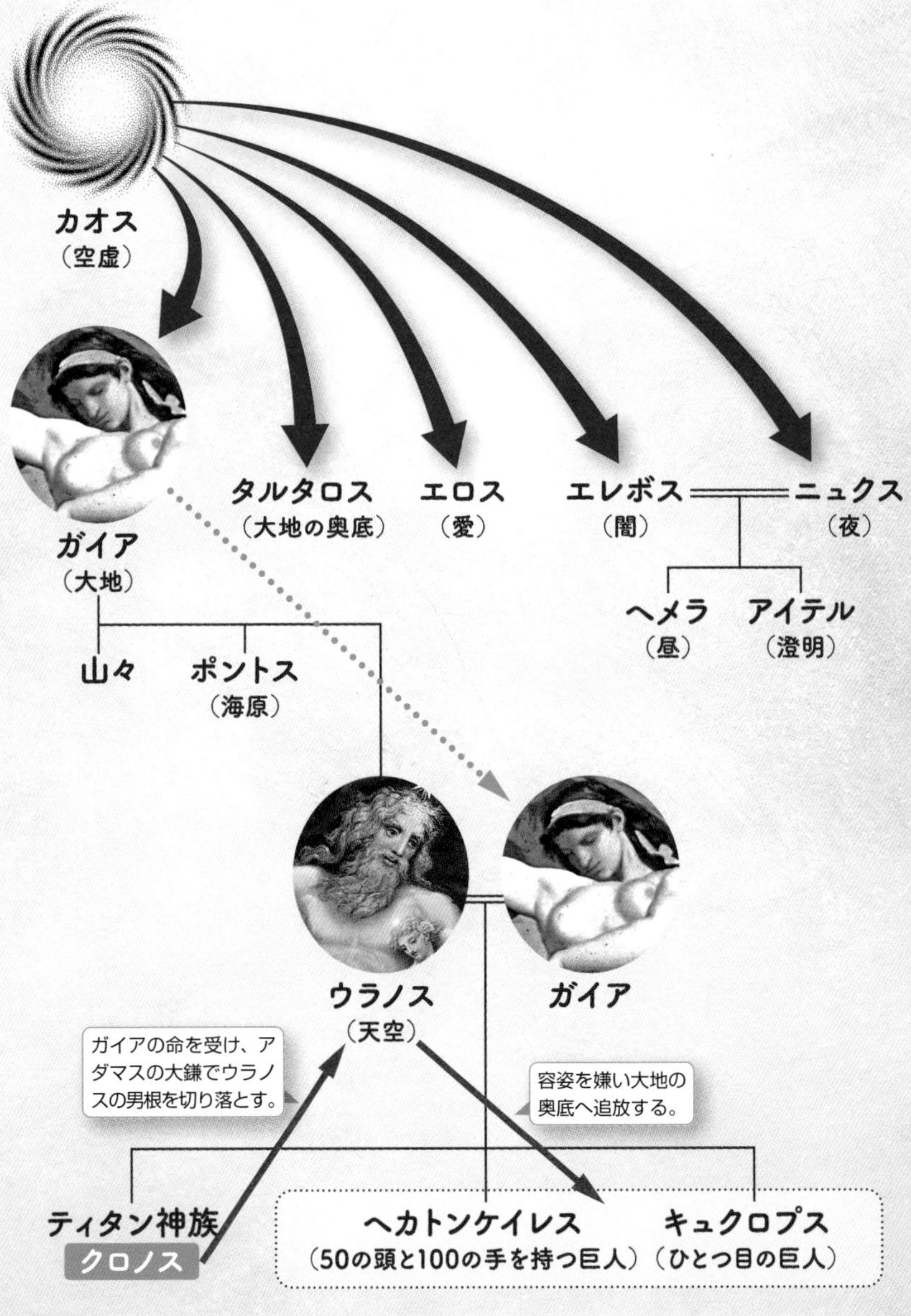

カオス
（空虚）
ガイア
（大地）
タルタロス
（大地の奥底）
エロス
（愛）
エレボス
（闇）
ニュクス
（夜）
ヘメラ
（昼）
アイテル
（澄明）
山々
ポントス
（海原）
ウラノス
（天空）
ガイア
ガイアの命を受け、アダマスの大鎌でウラノスの男根を切り落とす。
容姿を嫌い大地の奥底へ追放する。
ティタン神族
クロノス
ヘカトンケイレス
（50の頭と100の手を持つ巨人）
キュクロプス
（ひとつ目の巨人）

ティタノマキアとギガントマキア

オリュンポスの神々は、巨人族との戦いに勝利し、世界の支配権を手にしました

父クロノスは、わが子、つまり私の兄や姉を次々と飲み込んだとんでもない奴だ。そんな奴に世界を任せておけるものか。そこで私が兄や姉を助け出し、彼らを率いてティタン神族と世界の支配権をかけて争ったのさ。

ゼウス

世界の支配者となったクロノスでしたが、父ウラノスの予言を恐れ、妻レアが出産するたびに産んだ子を飲み込んでしまいます。そこでレアとガイアは一計を案じ、クロノスをだまして最後に生まれたゼウスを匿《かくま》い、クレタ島の精霊《ニンフ》たちにひそかに育てさせました。

　こうして成長したゼウスは、この事情を知ると、吐き薬をクロノスに飲ませ、クロノスの腹の中にいた兄姉たちを救い出したのでした。

ティタン神族、そしてギガスを破り、ゼウスは世界の支配者に

　ゼウスによって救われた神々はオリュンポス山に拠点を置き、父クロノスらティタン神族との間に、戦端を開きました。これがティタノマキアと呼ばれる決戦で、ゼウスらはヘカトンケイレスとキュクロプスを大地の奥底《タルタロス》から解放し、彼らの力を借りて勝利しました。

　ゼウスら兄弟はくじ引きの結果、ゼウスが天界、ポセイドンが海、ハデスが冥界（死者の国）を治めることになりました。

　ところが今度は、わが子のティタン神族が大地の奥底《タルタロス》に追いやられたことに激怒したガイアが、ギガスという怪物にゼウスらを攻撃させました。こうしてギガントマキアが始まります。

　ゼウスらは人間の英雄ヘラクレスの力を得てギガスらを倒しますが、続いて現れた巨大怪物テュポンによって、ゼウスが洞窟《どうくつ》に閉じ込められるなど苦戦を強いられます。

　しかし、最後は解放されたゼウスがエトナ山をテュポンに投げて押しつぶし勝利しました。ここにオリュンポスの神々による世界の支配が確立したのです。

ティタノマキアとギガントマキア

〈ティタノマキア〉

予言の成就を恐れるクロノスに飲み込まれた子供たちが、末子ゼウスの機転により助け出される。

ポセイドン　ゼウス　ハデス

VS

クロノスとティタン神族

キュクロプス、ヘカトンケイレスの助力を得たゼウス、ポセイドン、ハデスが、クロノスらティタン神族と戦う。

敗れたティタン神族が大地の奥底へと落とされる。

巨人族との戦い関連地図

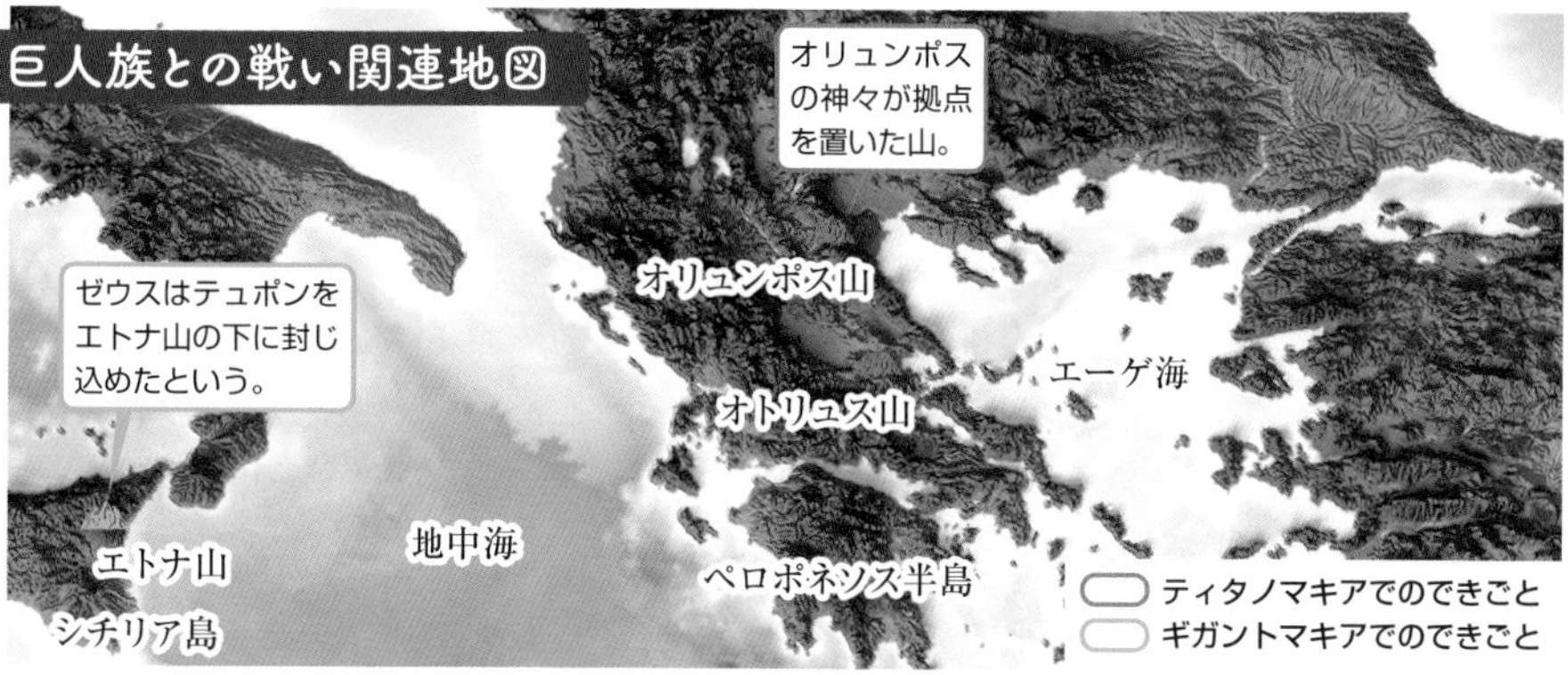

オリュンポスの神々が拠点を置いた山。
ゼウスはテュポンをエトナ山の下に封じ込めたという。
オリュンポス山
オトリュス山
エーゲ海
地中海
エトナ山
シチリア島
ペロポネソス半島

ティタノマキアでのできごと
ギガントマキアでのできごと

〈ギガントマキア〉

ヘラクレス

オリュンポスの神々

ギガスの攻撃を受けたオリュンポスの神々は、人間の英雄を味方にする。

オリュンポスの神々がギガスたちを打ち破る。

Typhon
Har-
-pyæ

テュポンの攻撃を受けたゼウスは苦戦を強いられながらもこれを倒す。

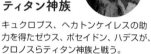

世界の支配権を得たゼウスは、兄姉たちとともにオリュンポス山に宮殿を構え、兄弟姉妹や子供たちからなるオリュンポスの神々の系譜を作り上げていきました。

これらの神々はギリシャ征服民と土着先住民の信仰が融合した神や、ミノア（クレタ）文明や小アジア、トラキア地方など外来の神の影響を受けているため、その地域に根差した多様な性格を持っています。

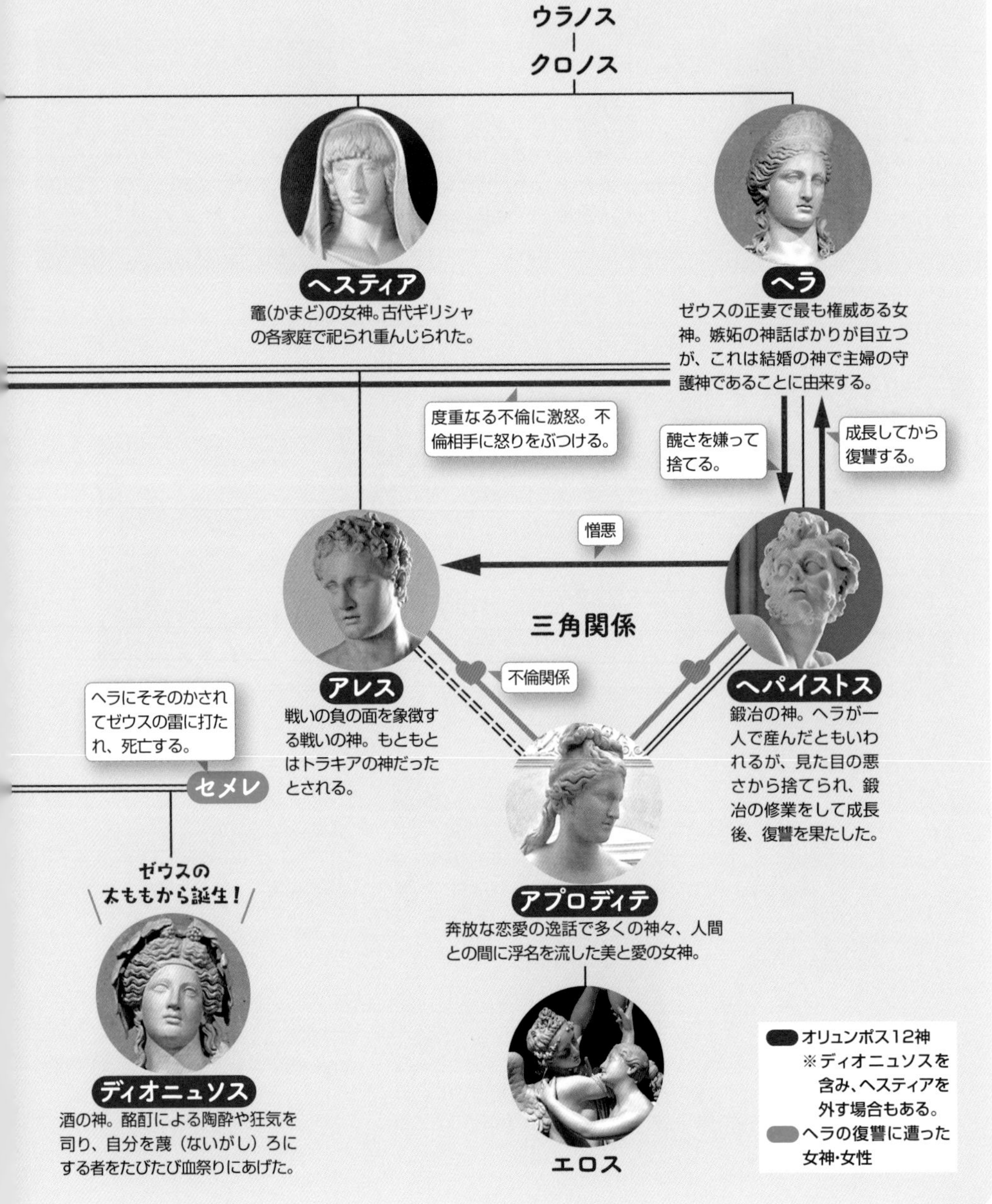

ウラノス
クロノス
ヘスティア
竈(かまど)の女神。古代ギリシャの各家庭で祀られ重んじられた。
ヘラ
ゼウスの正妻で最も権威ある女神。嫉妬の神話ばかりが目立つが、これは結婚の神で主婦の守護神であることに由来する。
度重なる不倫に激怒。不倫相手に怒りをぶつける。
醜さを嫌って捨てる。
成長してから復讐する。
憎悪
三角関係
不倫関係
アレス
戦いの負の面を象徴する戦いの神。もともとはトラキアの神だったとされる。
ヘパイストス
鍛冶の神。ヘラが一人で産んだともいわれるが、見た目の悪さから捨てられ、鍛冶の修業をして成長後、復讐を果たした。
ヘラにそそのかされてゼウスの雷に打たれ、死亡する。
セメレ
ゼウスの太ももから誕生！
ディオニュソス
酒の神。酩酊による陶酔や狂気を司り、自分を蔑（ないがし）ろにする者をたびたび血祭りにあげた。
アプロディテ
奔放な恋愛の逸話で多くの神々、人間との間に浮名を流した美と愛の女神。
エロス
オリュンポス12神
※ディオニュソスを含み、ヘスティアを外す場合もある。
ヘラの復讐に遭った女神・女性

Column

オリュンポス12神のプロフィール

馬に姿を変えて交わる。

デメテル

豊穣の女神。人類と神々の食糧を司る。

激怒

ハデス

冥界の神。ゼウスの兄弟であるが、冥界にいるためかオリュンポス12神には数えられない。

ペルセポネ

誘拐して強引に妻とする。

メティス

ゼウスの頭から誕生！

アテナ

知恵と戦いの女神。英雄の守護神であり、神話に登場する英雄たちをたびたび助けた。

エリクトニオス

ヘパイストスにかけられた精液から誕生。

アテナイを巡り争う。

ポセイドン ＝ **アンピトリテ**

航海の安全を司る海の神。もともと大地の神であり、地震や洪水も司る。

ゼウス

世界の支配者かつ全知全能の神。雷と天空を象徴し、王権と正義を司る。正妻ヘラや無数の愛人との間に多くの神々や英雄をもうけた。

マイア

レト

デロス島で誕生！

ヘルメス

神々の伝令を務める商業と泥棒の神で、旅人の守護神。ゼウスが嘘つきの子を求めてマイアとの間にもうけた。

親友！

アポロン

古代ギリシャ人男性の理想像とされた芸能と神託の神。恩恵のみならず、疫病をもたらす恐ろしい神でもある。

森の動物と森の管理権を与える。

アルテミス

アポロンの姉（妹とも）とされる狩猟の女神。永遠の純潔を誓い、処女や子供を守る。また、出産の守り神としても信仰された。

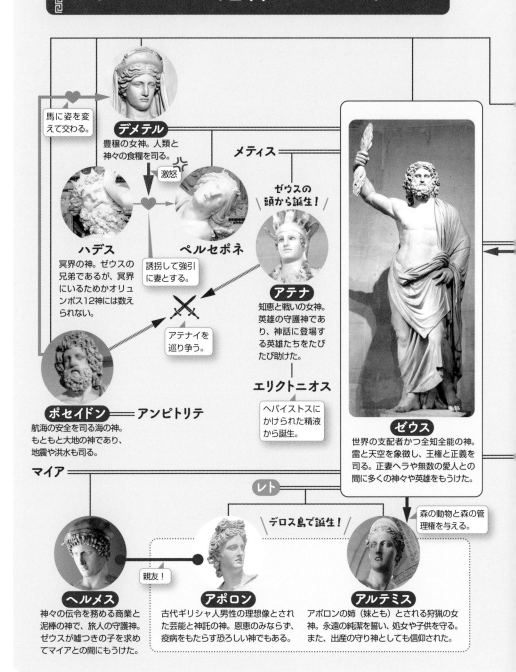

人間の誕生

人類に火をもたらした巨人に、ゼウスは過酷な罰を与えました

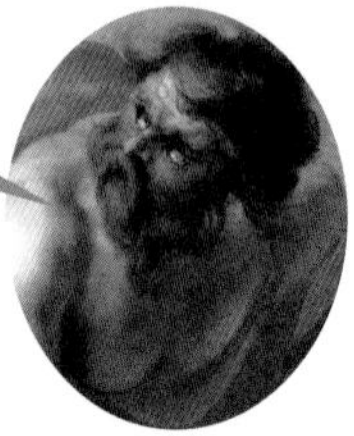
プロメテウス

人間を創ったのは私、プロメテウスです。人間が気の毒だったので、ゼウスのもとから盗み出して火を与えました。しかし、人間は愚かですね。争いを起こしてゼウスの怒りを買ったわけですよ。この時、ゼウスが送り込んだのが、女。皆さんご存じの「パンドラ」です。

ティタン神族を破り、オリュンポスの支配が確立した地上には人間が暮らしていました。その人間は、ティタン神族のプロメテウスによって創造されたと言われています。彼はティタン神族でありながら、ゼウスに味方したため、大地の奥底《タルタロス》に落とされずに済んだ神です。

プロメテウスは土を水でこねて鳥や獣、神の形をした人間を創りました。鳥には翼、獣には鋭い爪や分厚い毛皮を与え、人には文明を営めるよう、天から盗み出した火と知識を与えました。あわせて建築や馬車、船など乗り物の造り方、数や文字、金属、天候観測などを教えます。

また、プロメテウスは、神々と人間の間で、生贄《いけにえ》の牛の肉の分配をめぐり対立が起こった際にも、人間に味方しています。肉に細工して神々が骨と脂身を取り、人間が肉を食べられるように仕向けて神を欺いたのです。

激怒した最高神ゼウスは人間から火を取り上げましたが、火を失った人間は寒さに震え、獣におびえるようになりました。

人間たちの様子を見て気の毒に思ったプロメテウスは再び火を盗み出し、人間に与えました。すると、火を手に入れた人間は文明を築く一方で、武器を作り、戦争を始めてしまいます。

激昂したゼウスは、プロメテウスを捕まえると、永遠に生きたまま肝臓をワシに食べられるという、過酷な罰を与えたのでした。

人類初の女性パンドラが開いた甕から飛び出したものとは？

次にゼウスは人間にも戒めを与えるため、人類最初の女性を送り込むことにしました。鍛冶《かじ》の神ヘパイストスに命じて粘土と水から女神に似た女性を創らせます。神々から美と妖《よう》

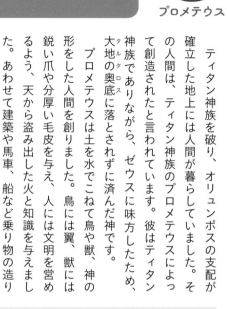

パンドラの甕とヘレンに至る系譜

人類に文明をもたらしたプロメテウスと災いをまいたパンドラの系譜が交わり、ギリシャ人の祖先が生まれたといわれる。

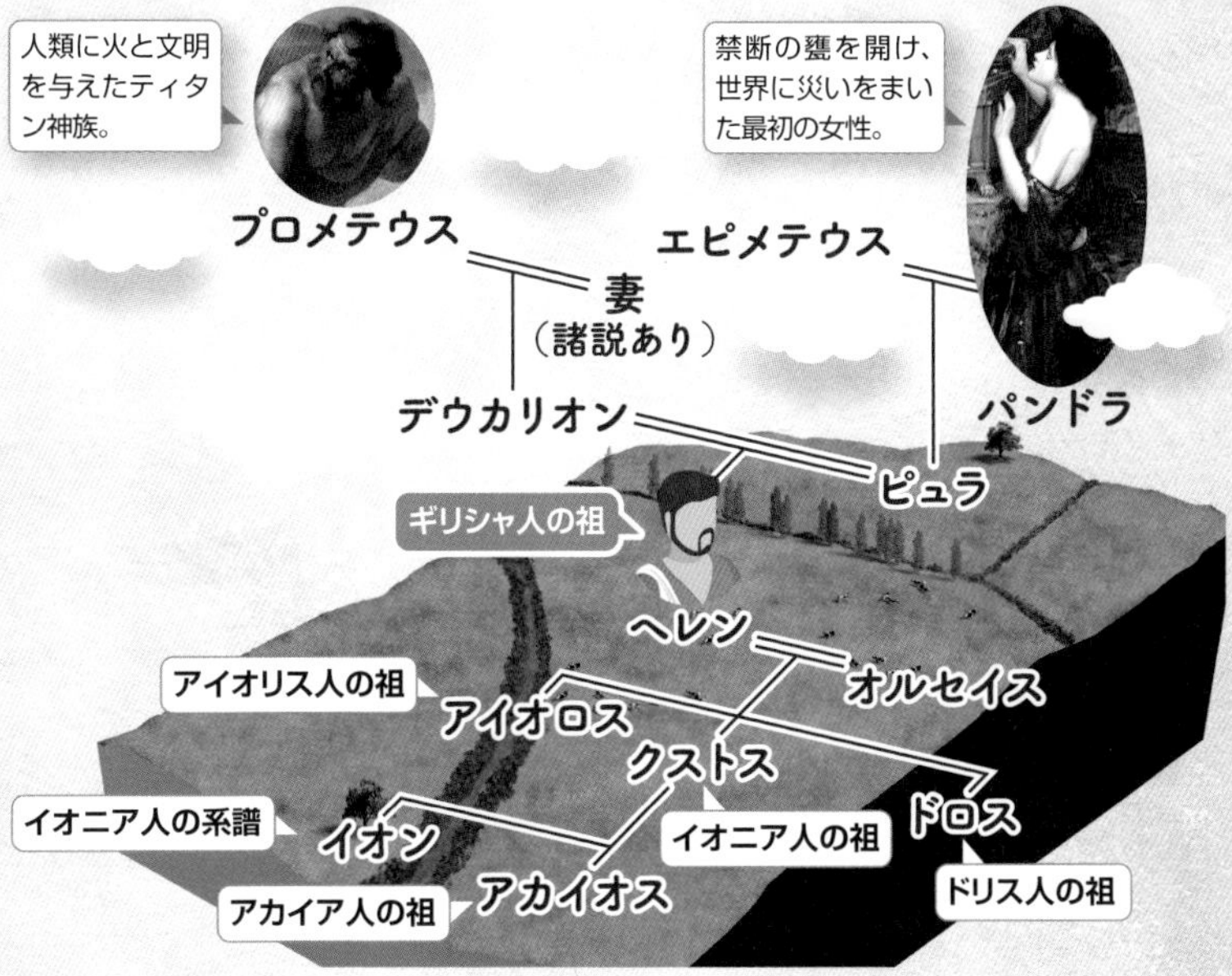

人類に火と文明を与えたティタン神族。
禁断の甕を開け、世界に災いをまいた最初の女性。
プロメテウス
エピメテウス
妻
（諸説あり）
デウカリオン
パンドラ
ピュラ
ギリシャ人の祖
ヘレン
オルセイス
アイオリス人の祖
アイオロス
クストス
ドロス
イオニア人の系譜
イオン
イオニア人の祖
アカイオス
アカイア人の祖
ドリス人の祖

艶《えん》さ、ずる賢さを与えられたこの女性は、「すべての贈り物である女」という意味から、「パンドラ」と名づけられました。

そしてゼウスはこのパンドラをプロメテウスの弟、エピメテウスに与えます。ひと目惚《ぼ》れしたエピメテウスは彼女を妻に迎えました。

パンドラは神々からの贈り物が詰まった甕《かめ》を贈られていましたが、この甕は開けてはいけないと忠告されていました。しかしパンドラは好奇心に負け、この甕を開けてしまいます。

すると甕から怪しい形のものが立ち上り、悲しみ、病気、争い、憎悪、嫉妬《しっと》などあらゆる災いが、地上世界にばらまかれてしまいました。以来、人類に様々な災いが降りかかることになりました。

ただしこの時、甕の底には希望だけが残されていたため、人間は希望だけは失わなかったのです。

この時、パンドラが開けたものというと、「箱」というイメージがありますが、本来は「甕」でした。恐らく身近な入れ物が甕から箱へと変わるなかで変化したものと思われます。

人類の5世代と大洪水

誕生と滅亡を繰り返した人類は、大洪水によって一度リセットされました

私パンドラは人類初の女性ってことになってるんだけどぉ、私たちとは別に5世代の人類がいたらしいのよ。最初は働かない黄金の世代で、だんだん人は争って堕落していったらしいの。神様も怒っちゃって、青銅の時代には、ゼウスが人間を滅ぼすためにひき起こした大洪水の話が伝えられているわ。

パンドラ

古代ギリシャの詩人ヘシオドスは、『仕事と日』において、プロメテウスによる人類の創造とは異なる、人類の歴史を語っています。

人には黄金、銀、青銅、英雄、鉄の5つの世代があるという考えで、後になるに従い、劣化してきたという人間観です。

黄金の種族はクロノスが支配した時代の人類。働くことなく、神のように幸せに暮らして生涯を終えました。

ゼウスの時代になってからの銀の種族は、子供時代が長く大人になってすぐ寿命を迎えましたが、神々を崇《あが》めなかったため、ゼウスに滅ぼされます。続く青銅の種族は、青銅の武器で殺し合い、自滅。英雄の時代の人々も戦争で命を落としました。

現代の人類は鉄の種族で、労役と苦悩に満ちた不幸な時代に生きているとヘシオドスは説きます。

そして、我々もいずれ滅びると予言しています。

この神話は、人類が堕落し続けるという概念とともに、黄金の世代が労働をしないという環境から、古代ギリシャの人々に、労働しないことを幸福とする価値観を定着させました。

ゼウスの大洪水で腐敗した人類が滅亡する

また、これとは別の神話として、青銅の時代に、ゼウスが堕落した人類を9日間続く大洪水によって滅ぼしたとする話もあります。

これにより人類は滅びましたが、プロメテウスの子デウカリオンとパンドラの娘ピュラだけがプロメテウスの指示で生き延び、その子ヘレンがギリシャ人の祖となったと伝えられます。

人間の5つの世代と大洪水

ヘシオドスは『仕事と日』のなかで、人間には5つの世代があり、次第に劣化していると説いた。このうち現代は5つ目の「鉄の時代」に当たるとし、最も過酷な時代とされる。

黄金の時代

クロノスが世界を支配した時代に生きた人々は、あらゆる災いと縁がなく、豊かな実りのなかで生活した。正義が尊ばれて不正を働く者はなく、人々は幸福に暮らし眠りに落ちるように死んだ。

銀の時代

黄金の時代の人々より愚かで、短い命を終えた世代。100年の間子供の姿で育ち、成長して成年になるも暴力を抑えきれず、神を崇めることがなかったため、ゼウスによって滅ぼされた。

青銅の時代

武器を手にして争うことを始めた世代。互いに争うなかで滅んでいった。

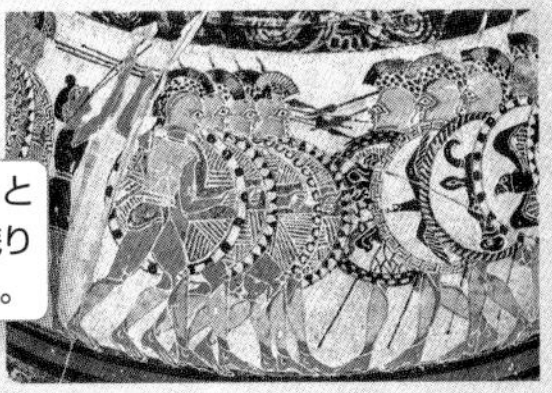

大洪水

劣悪になっていく人類を見たゼウスが人類を滅ぼした大洪水は、この時代に当たるという。

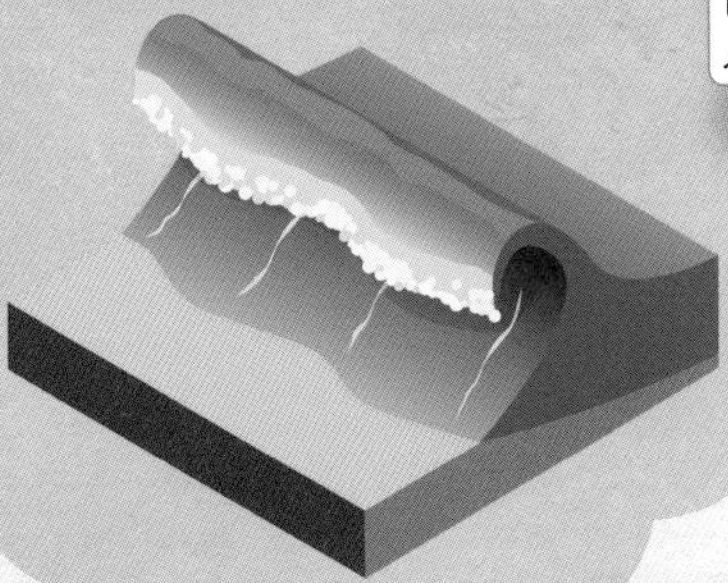

デウカリオンとピュラが生き残り人類が再生する。

英雄の時代

ゼウスが創った英雄の世代。人々は半神で先代より優れていたが、戦争と殺戮によって滅んだ。また、この時代以降、人間は互いを信じ愛し合うことができなくなった。

鉄の時代

苦役と苦悩に満ち、ほかの4世代に比べもっとも過酷な時代とされる現代に生きる世代。

ゼウスの物語

繰り返されたゼウスの浮気には、貴族たちの事情が隠されていました

わが夫ゼウスはティタン神族を退けて世界の支配者になったと威張っているけど、あれはただの浮気者。彼が凄すぎて女が寄ってくるんじゃないかって？　フン、冗談をお言い。ゼウスの正妻は私。浮気は絶対許さない。浮気相手は地の底までも追いかけて苦しめてやるから、覚悟しておくことね。

ヘラ

オリュンポスの最高神ゼウスは雷を武器とし、雲を自在に操って、ギリシャ人が必要とする恵みの雨をもたらす全知全能の神です。ギリシャ最北にあるオリュンポス山の頂に宮殿を構え、神々の頂点に君臨していました。

そんな権威あるゼウスはかなりの好色家で、正妻のヘラがいながら、何度も浮気を繰り返し、多くの子供をもうけています。

しかもその相手は、姉で穀物の神デメテル、記憶の女神ムネモシュネ、フェニキア王女エウロペ、スパルタ王妃レダ、精霊《ニンフ》のカリストなど、女神から人間の娘、人妻、精霊まで見境ありません。そんなゼウスの妻は結婚の守護神である女神ヘラ。ギリシャ神話では、ゼウスが浮気するごとに嫉妬で怒り狂ったヘラが、相手の女性に壮絶な復讐を行なう話がいくつも伝えられています。

古代ギリシャの事情で浮気者にされてしまったゼウス

それにしてもなぜ最高神たるゼウスが浮気という不義を繰り返したのでしょうか。その背景には古代ギリシャの王や貴族たちの事情が隠されています。

彼らは自分たちの家系に箔《はく》をつけるため、祖先を最高神ゼウスに求めました。

そのためには自分たちの系譜につながる子供をもうけてもらう必要があります。結果、ゼウスの恋愛譚《たん》が次々に創作され、ゼウスは浮気者とされてしまったというわけです。

実際ゼウスからはアテナ、アポロンなどの神々のみならず、スパルタ王、エジプト王、英雄ペルセウスやヘラクレスなど、多くの王、英雄が生まれています。

ゼウスと結ばれた女神・女性と子供たち

数多くの恋愛を楽しんだゼウスの系譜は、神々や英雄のほかに、さまざまな都市国家の王族へとつながっていく。

名前…オリュンポス12神　名前…英雄　名前…王家の祖　名前…その他

アテナ

ヘパイストス

アポロン

アルテミス

ディオニュソス

ヘルメス

ヘラクレス

アプロディテ

ゼウス

女性	子供
メティス	アテナ
テミス	ホライ、モイライ
ヘラ（正妻）	ヘパイストス、アレス、ヘベ、エイレイテュイア
エウロペ	ミノス（クレタ王）、ラダマンテュス、サルペドン
イオ	エパポス（エジプト王）
レト	アポロン、アルテミス
ダナエ	ペルセウス
セメレ	ディオニュソス
アンティオペ	アンピオン、ゼトス（ともにテバイの建国者）
レダ	ヘレネ、ポリュデウケス、カストル
デメテル	ペルセポネ
マイア	ヘルメス
エウリュノメ	カリテス
アルクメネ	ヘラクレス
ムネモシュネ	ムサイ
ディオネ	アプロディテ　※諸説あり
カリスト	アルカス（アルカディア人の祖）
アイギナ	アイアコス（サラミス及びプティア王家の祖）
プルト	タンタロス（リュディア王）
タユゲテ	ラケダイモン（スパルタ王）
ラオダメイア	サルペドン（リュキア王）※エウロペの子とする説もあり
エレクトラ	ダルダノス（トロイア王）

ペルセウスの冒険

ゼウスの子として生まれた英雄が、知略を駆使してメドゥサを退治しました

メドゥサ

ゼウスの愛人の子として生まれた英雄のひとりがペルセウスさ。その名前を聞いただけでも腹が立つ！　やつは母に邪な感情を抱くセリポス島の王にはめられて私たちゴルゴン退治にやってきた。私にはどんなものでも石に変える能力があるというのに、あんな策を使われるなんて……。

ギリシャ神話の英雄ペルセウスは、ゼウスとアルゴス王アクリシオスの娘ダナエとの間に生まれます。しかし彼は生まれてすぐに、「孫に滅ぼされる」という予言を恐れたアクリシオスによって、母とともに海に流されてしまいました。

ペルセウスは母とともに、エーゲ海に浮かぶセリポス島に流れ着き、その地で成長。しかしダナエに邪《よこしま》な心を抱いたセリポス王のポリュデクテスが邪魔なペルセウスを亡き者にしようと考え、見る者を石に変えるという怪物ゴルゴン三姉妹を退治するよう命じます。

無理難題を課せられたペルセウスの案内役を買って出たのが、女神アテナでした。アテナは、自分の神殿でポセイドンと交わって神殿を穢《けが》したゴルゴン三姉妹の末娘メドゥサを憎み、醜い怪物の姿に変えた張本人だったのです。

そんなアテナの案内で、グライアイという三姉妹の老婆の元を訪れたペルセウスは、彼女らの目を奪い、それと引き換えにゴルゴンの居所を聞き出すことに成功します。

ペルセウスは、姉妹のなかで不死でないメドゥサを倒そうとしましたが、正面から近づくことができません。

そこでペルセウスは、メドゥサが寝ている隙《すき》を突いて、青銅の盾に映る姿を見ながら近づき、その首を切り落としました。そしてヘルメスから借りていた空飛ぶサンダルで、姉たちの追撃を振り切って逃げおおせます。

生贄の王女を救い出した英雄ペルセウス

その帰路、エチオピアの上空に至ったペルセウスは、岩に縛り付けられた美女を発見します。

彼女がエチオピア王ケペウスの娘アンドロメダで、海の怪物の生贄《いけにえ》にされかけていると知ったペルセウスは、やがて現れた怪物を倒し、彼女を助け出しました。

その後、アンドロメダの元婚約者のピネウスがペルセウスを討とうとしますが、ペルセウスはメドゥサの首を突き出して、ピネウスを石に変えてしまいます。

こうして、アンドロメダと結ばれたペルセウスはセリポス島に凱旋《がいせん》。執拗《しつよう》に母ダナエに迫っていたセリポス王にメドゥサの首を突きつけ、石に変えて母を救い出しました。

その後、母と妻とともに故郷アルゴスに向かったペルセウスは、旅の途中で円盤投げ大会に参加しますが、彼の投げた円盤が、居合わせた老人に命中し、即死させてしまいます。その老人こそ祖父アクリシオスでした。こうして神託は予想外の形で実現したのでした。

◆ペルセウスの3つの名場面◆

Ⅰ ペルセウスの誕生

ペルセウスは祖父に幽閉された母ダナエのもとに、黄金の雨となって降り注いだゼウスによって命を宿したという。

ゼウスは黄金の雨となってダナエに降り注いだ。

Ⅱ ゴルゴン退治

母ダナエを手籠めにしようとするセリポス王に乗せられてゴルゴン退治へ。神々の助けを得て、見事退治に成功！

Ⅲ アンドロメダ救出

生贄にされかけていたエチオピアの王女アンドロメダを救出。さらに襲撃してきた婚約者を石に変えてアンドロメダを妻とする。

ペガソスに乗り空から隙を伺うペルセウス。実際は乗っていない。

岩に縛りつけられたアンドロメダ。多くの画家が裸体画を描く口実とした。

エチオピアを襲った海の怪物。ポセイドンを怒らせたことが原因だという。

ヘラクレス12の難行

妻子を殺害してしまった英雄は、贖罪のために12の難行を克服しました

私ヘラクレスは、ゼウスとその愛人アルクメネの子だ。母への嫉妬に狂うヘラの怒りは私に向けられた。嫉妬したヘラに苦しめられ、ついに妻子も手にかけてしまったんだ。だがこんなことで負ける俺様ではない！　贖罪のために課せられた12の難行を、必ずや克服してみせよう！

ヘラクレス

ペルセウスの子孫で、ギリシャ神話最大の英雄ヘラクレスの人生は、ゼウスの妻ヘラの迫害によって大きく狂わされました。ヘラは夫ゼウスが人間の女性との間にもうけたヘラクレスが、ミュケナイ王になるという神託を受けると、執拗に彼を殺そうと画策します。

しかし怪力の持ち主だったヘラクレスは、ヘラの策略を退けて成長し、のちにテバイの王女と結婚するなど幸せな日々を過ごします。

するとそれが面白くないヘラがヘラクレスに狂気を送り込みます。狂気に陥った彼は自らの手で妻子を殺《あや》めてしまいました。

その贖罪《しょくざい》として神託で命じられたのが、父の血族のエウリュステウスの命として12の難行を克服することでした。

常人にはおよそ成し得ることのできないものばかりでしたが、ヘラクレスは持ち前の知恵と勇気で難行に挑んでいきます。とくに有名なのが9つの頭を持つというレルネのヒュドラ退治。頭が何回も生え変わるため、甥と協力し、頭の切り口を次々に焼きつぶして退治しました。最後は冥界の犬ケルベロスを生け捕りにして、ついにすべての難行を克服します。

妻の嫉妬心が招いた英雄ヘラクレスの悲壮な最期

怪力無双のヘラクレスに引導を渡したのは後妻のデイアネイラでした。

彼女はケンタウロス族のネッソスにそそのかされ、ヘラクレスの衣服にヒュドラの毒を媚薬《びやく》と思い込んで塗り込んでしまうのです。

ヘラクレスはその衣服をまとうや、体を激痛に襲われ、最後は自ら火の中に身を投じて命を絶ったのでした。

ヘラクレス12の難行イッキ読み

Ⅰ ネメアのライオン退治

ネメアの谷に棲む武器をはね返す皮を持つライオンを棍棒で洞窟に追い込み、素手で絞め殺す。

Ⅱ レルネのヒュドラ退治

レルネの沼に棲む9つの再生する頭を持つヒュドラに対して、ヘラクレスは切断した首の付け根を甥に焼きつぶさせて再生を阻止し勝利した。

Ⅲ ケリュネイア山の鹿生け捕り

アルテミスの聖獣で黄金の角を持つ鹿を1年かけて追跡し、疲れ切ったところを確保した。

Ⅳ エリュマントス山の猪生け捕り

町を荒らす大猪を執拗に追い回し、雪山に追いつめたところで生け捕りにした。

Ⅴ エリスの畜舎掃除

エリス王アウゲイアスの30年間掃除されていない家畜小屋を1日できれいにするため、川の流れを小屋に引き込み水圧で一気に汚れを流した。

Ⅵ ステュンパロスの鳥退治

田畑を荒らす無数の鳥に苦戦するが、アテナの助けで青銅の銅鑼を手に入れて打ち鳴らし、音に驚いて一斉に飛び立った鳥を残らず射ち落とした。

Ⅶ クレタ島の暴れ牛生け捕り

ミノタウロスを生んだ凶暴な牡牛だったが難なく生け捕りした。

Ⅷ トラキアの人食い馬生け捕り

飼い主であるトラキア王のディオメデスを捕らえ、人食い馬に食べさせ、おとなしくなったところを捕獲した。

Ⅸ アマゾン女王の帯獲得

アマゾン女王ヒッポリュテが所有する宝の帯を女王に譲ってもらう。しかし、ヘラの策略でアマゾン族の攻撃を受け、これを撃退した。

Ⅹ エリュティアの赤い牛生け捕り

赤い牛を見張る牛飼いのエウリュティオンと2つの頭を持つ番犬のオルトロスを倒し牛を奪う。

Ⅺ ヘスペリデスの黄金のリンゴ入手

アトラスに会い、アトラスに代わって天空を支える間にリンゴを取りにいってもらった。

Ⅻ 冥界の番犬ケルベロス生け捕り

アテナとヘルメスの助けで冥界に赴き、ハデスが出した素手で捕まえるという条件のもと、ケルベロスを生け捕りにする。

Column

ギリシャ神話の英雄伝地図

古代ギリシャ人はおらが村の英雄を誇りとし、
各地に多様な英雄伝説が生まれました。

ギリシャ神話ではヘラクレスやペルセウスの伝説のほかにも、様々な英雄の伝説が伝えられています。

ミノタウロスを迷宮で退治したアテナイの王子テセウスや、有翼の神馬ペガソスを愛馬にしてキマイラを退治したベレロポン、スピンクスを退治するも悲劇の主人公となったオイディプスなど、ギリシャ各地には英雄たちの個性豊かな伝説が伝えられています。

人々は自分たちの都市の英雄を誇りとして、その伝承を語り継いでいたのです。

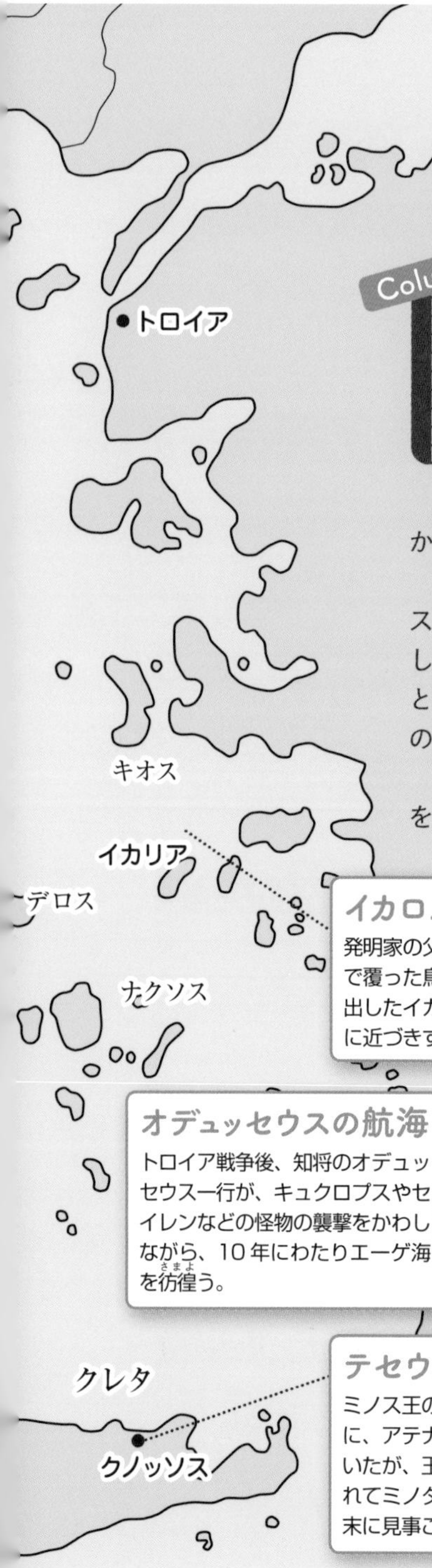

アウゴナウタイ

イアソンに率いられた英雄たちが、アルゴー船で黒海沿岸のコルキスを目指し、苦難の航海を経て金羊裘を奪う。

イカロスの墜落

発明家の父・ダイダロスとともに、蠟で覆った鳥の羽で空を飛びクレタを脱出したイカロスだが、好奇心から太陽に近づきすぎて蠟が溶け、墜落死する。

オデュッセウスの航海

トロイア戦争後、知将のオデュッセウス一行が、キュクロプスやセイレンなどの怪物の襲撃をかわしながら、10年にわたりエーゲ海を彷徨《さまよ》う。

ベレロポンのキマイラ退治

コリントスを追われリュキアへ至ったベレロポンが、天馬ペガソスの力を借りてキマイラを退治した。

テセウスのミノタウロス退治

ミノス王の子で人身牛頭の怪物ミノタウロスに、アテナイの人々は毎年生贄を強要されていたが、王子テセウスが生贄一行のなかに紛れてミノタウロスのいる迷宮へ潜入。格闘の末に見事これを退治した。

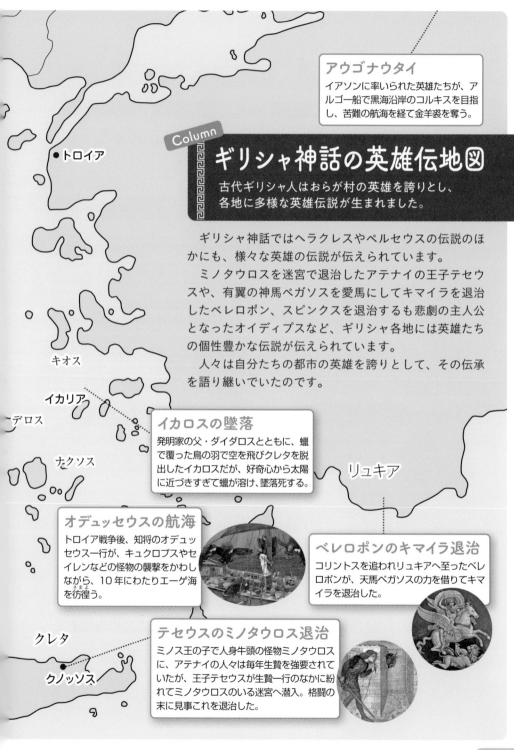

カドモスのテバイ建国

牛にさらわれた姉のエウロペを探してギリシャへ至ったフェニキアのカドモスが、牡牛に導かれた地にテバイを建国。近くの泉に生息していた竜を倒し、その牙から生じた戦士を配下とした。

カリュドンの猪狩り

アルテミスが放った凶暴な猪退治のために、イアソンやテセウスら英雄たちが集結。最後は女狩人アタランテが矢を命中させ猪を倒した。

マケドニア
オリュンポス山
レムノス
エーゲ海
テッサリア
デルポイ
カリュドン
イタケ
テバイ
コリントス
アテナイ
ミュケナイ
オリュンピア
アルゴス
ティリュンス
スパルタ

オイディプスのスピンクス退治

コリントスで育ったオイディプスが、テバイ近郊の山道に出没し問題に答えられない人間を殺していた怪物スピンクス退治に挑む。オイディプスは、スピンクスが出題した、「朝は４本足、昼は２本足、夜は３本足の動物は何か」という問題に「人間」と即答し、スピンクスを倒した。

ヘラクレスのヒュドラ退治

９つの頭を持ち、ひとつを切っても切り口から新しい頭が生えるという魔性の蛇ヒュドラ。しかも中央の頭は不死であった。甥のイオラオスとともに退治に赴いたヘラクレスは、ヘラクレスが頭を切り落としイオラオスがその切り口をすぐに薪で焼きつぶすという戦術で、再生を阻止すると、不死の頭を巨石で抑えつけて退治した。

トロイア戦争

ゼウスの思惑によって、英雄たちの大戦争が勃発しました

数々の英雄譚が語られてきたギリシャ神話もそろそろクライマックスよ。終わりはトロイア戦争という長い戦争。その始まりは、神々のなかで最も美しい私アプロディテが黄金のリンゴを手に入れたからなの。でもね本当は、ゼウスが仕組んだことだったのよ。

アプロディテ

英雄の物語のハイライトとなるトロイア戦争。ギリシャとトロイアの英雄たちが激闘を繰り広げる戦いの物語ですが、実は戦争の背景には増えすぎた人間を減らしたいというゼウスの思惑が働いていました。

戦争のきっかけは不和の神エリスが、「最も美しい女神へ」という言葉を刻んで投げ込んだ黄金のリンゴをめぐり、ゼウスの妻ヘラ、知恵と戦いの女神アテナ、美と愛の女神アプロディテが争ったことでした。ここでゼウスは、トロイアの王子パリスに審判役を任せたのです。

女神たちは報酬と引き換えに自分を選ぶようパリスに迫りますが、パリスが選んだのは、絶世の美女ヘレネを報酬としたアプロディテでした。ところがヘレネがスパルタ王の妻だったため、パリスはスパルタを訪問した際にヘレネを誘拐。妻を強奪されたスパルタ王が兄アガメムノンに助けを求めたところ、その呼び掛けでギリシャ連合軍が結成されました。

英雄アキレウスの戦いと神々の思惑に翻弄された両軍

アガメムノンに率いられたギリシャ軍は、エーゲ海を渡り、トロイアへと攻め込みました。オリュンポスの神々も二手に分かれて両軍に肩入れします。黄金のリンゴを手に入れ損ねたヘラとアテナはギリシャ軍に、アプロディテと愛人アレス、アキレウスに恨みを持つアポロンらがトロイア軍に、それぞれ味方していました。この神々の暗躍もあり、戦いは10年も続きます。

戦いはギリシャ軍の英雄アキレウスがトロイアの不死身の戦士を倒すなど、彼の活躍が光りましたが、このアキレウスと総大将アガメムノンが美女を巡り対立し、アキレウスが戦線を離

トロイア戦争の相関図

トロイア戦争ではギリシャ、トロイア両陣営に神々もわかれて支援した。

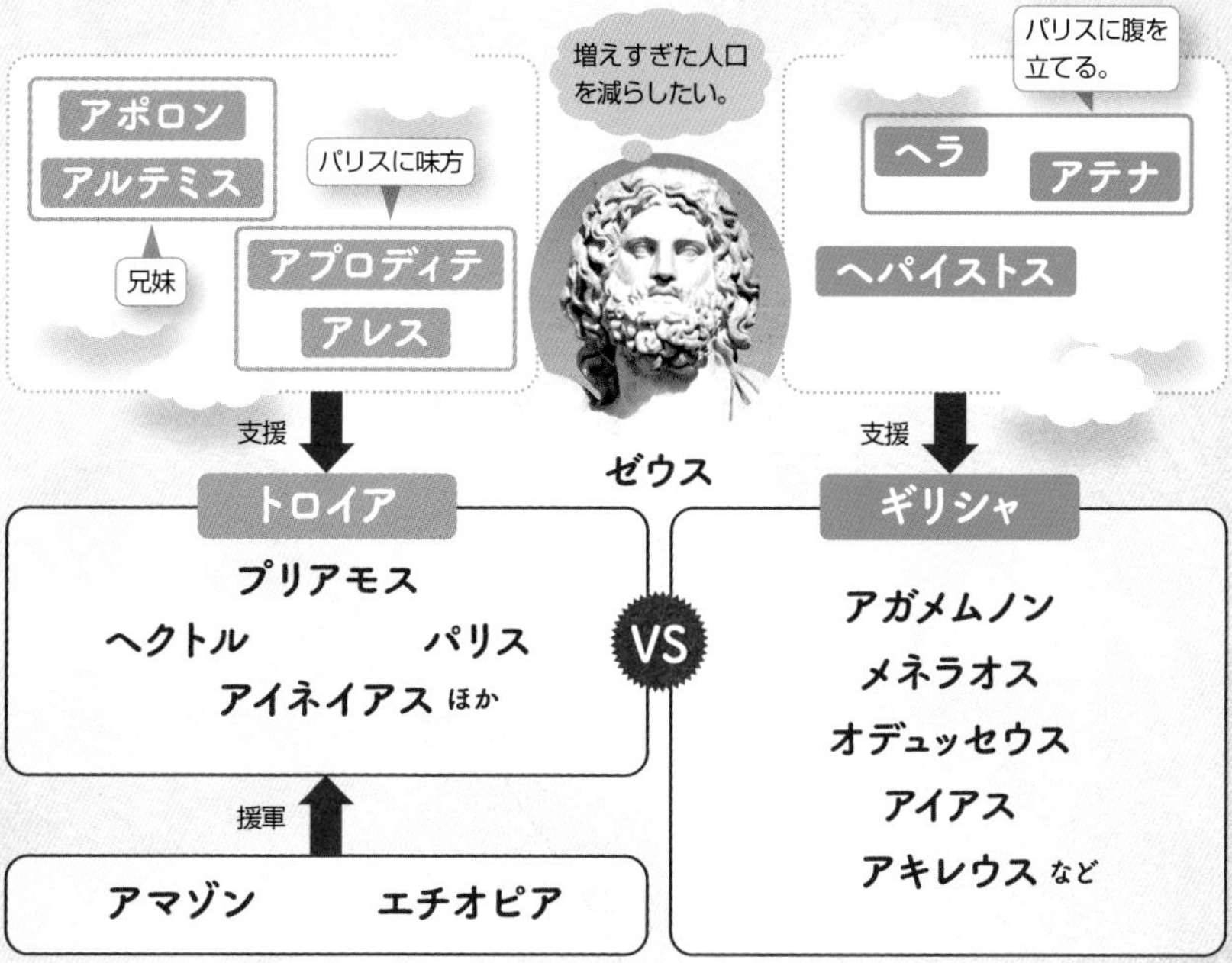
増えすぎた人口を減らしたい。
パリスに腹を立てる。
アポロン
アルテミス
パリスに味方
兄妹
アプロディテ
アレス
ヘラ
アテナ
ヘパイストス
支援
支援
ゼウス
トロイア
ギリシャ
プリアモス
ヘクトル
パリス
アイネイアス ほか
VS
アガメムノン
メネラオス
オデュッセウス
アイアス
アキレウス など
援軍
アマゾン
エチオピア

脱したためギリシャ軍が劣勢に立たされます。

それでもアキレウスが親友パトロクロスの戦死をきっかけに復帰すると、形勢逆転。アキレウスはトロイアの勇将ヘクトルを討ち、その力を見せつけます。

しかし神殿を血で穢し、アポロンの怒りを買っていたアキレウスは死ぬことが運命づけられていました。パリスの放った矢がアキレウスの急所であるかかとに命中し、アキレウスは絶命したのでした。

その後もトロイアの城壁を破れないギリシャ軍でしたが、戦いは意外な形で終止符が打たれます。ギリシャ軍の知将オデュッセウスが、木馬作戦を提案したのです。ギリシャ軍は精鋭部隊を潜ませた巨大な木馬を作ると、アテナへの捧げものとして残し、陣を引き払います。

ギリシャ軍が撤退したと思い込んだトロイアの人々は、木馬を城内に入れて勝利の祝宴を開催。彼らが寝静まった後、木馬のなかからギリシャ兵が現れ、城門を開け放って兵を呼び込むと、城外に移動していたギリシャ軍本隊が突入。トロイアは炎に包まれ、陥落したのでした。

Column

ギリシャ神話の恋愛譚

ギリシャ神話にも神と人間が育んだ
愛の物語がありました。

ギリシャ神話はゼウスだけでなく、ほかの神々や神と人間との愛など多くの恋愛譚が語られています。

ただしプシュケとエロスのようにハッピーエンドに終わるものは少なく、多くが悲劇によって幕を下ろし、神々であっても恋愛がうまくいかないことを伝えています。

またオウィディウスの『変身物語』などには神々が介在する人間の恋が語られており、そこには「一度失われたものは二度と戻らない」など人生の深い教訓が込められています。

トロイア

アプロディテとアンキセス

トロイアの英雄アンキセスに惚れたアプロディテは、人間の女性の姿になって一夜を共にした。ふたりの間にはトロイアの英雄アイネイアスが生まれた。

アポロンとヒュアキントス

美少年のヒュアキントスをアポロンは溺愛したが、これに嫉妬した西風（ゼピュロス）がアポロンが投げた円盤の方向を変え、ヒュアキントスの額に直撃させてしまう。ヒュアキントスは血を流しアポロンの腕のなかで絶命。彼の流した血からヒヤシンスの花が咲いた。

ディオニュソスとアリアドネ

布教の旅を続けるディオニュソスは、ナクソス島に至ったとき、アテナイの英雄テセウスが置き去りにしたクレタ島の王女アリアドネと出会い、彼女を妻とした。

アプロディテとアドニス

キプロスの美青年アドニスは、アプロディテのお気に入り。毎日のように狩りに出かけたが、これに嫉妬したアレスの放った猪によって命を落としてしまう。その後、アドニスが冥界でペルセポネに求婚されると、アプロディテはゼウスに頼み込み、アドニスを冥界で1年の3分の1をペルセポネと過ごし、1年の3分の1をアプロディテと過ごし、残りの3分の1を自分の好きなところで暮らすようにしてもらった。

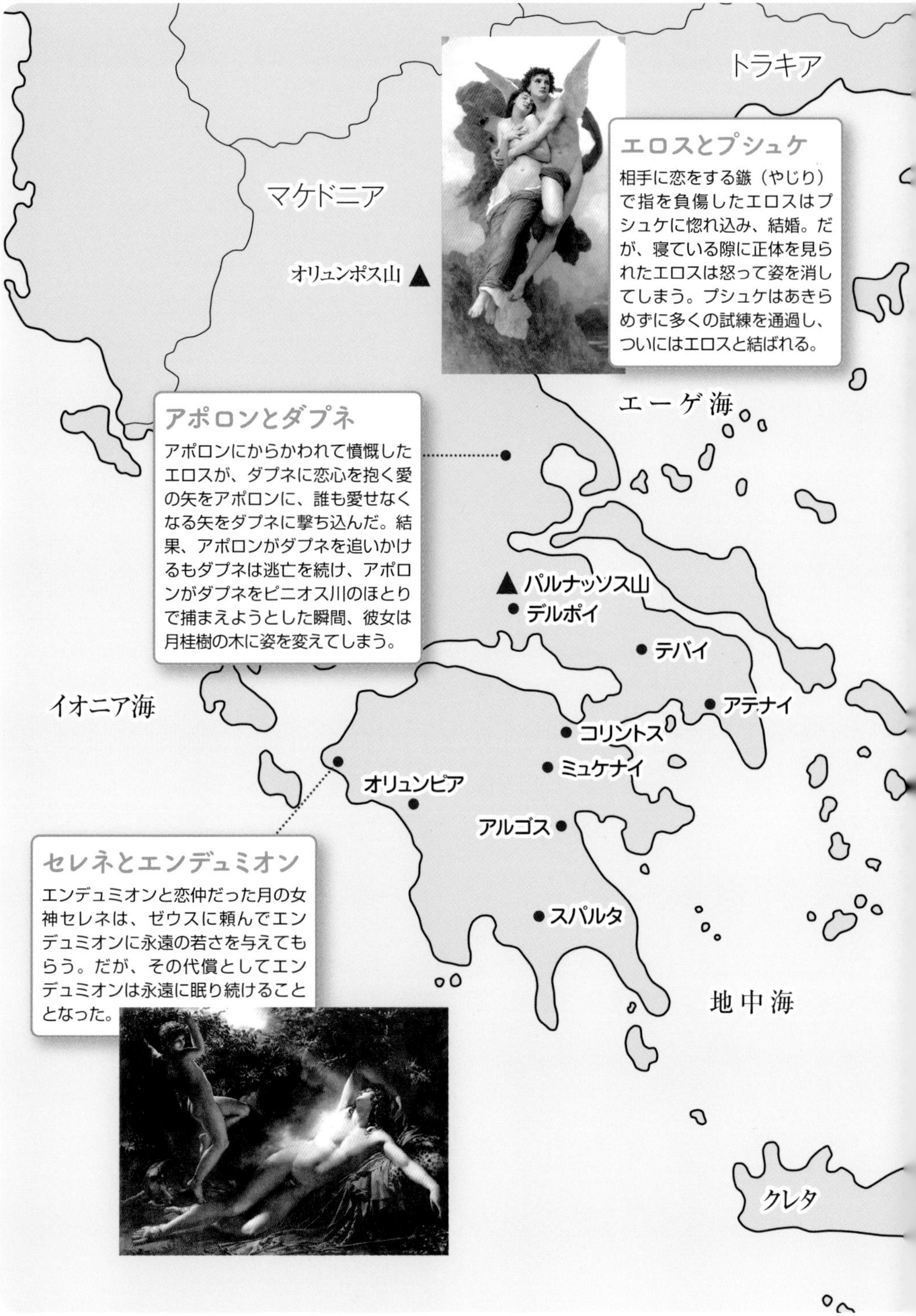

トラキア
マケドニア
オリュンポス山
エーゲ海
パルナッソス山
デルポイ
テバイ
アテナイ
イオニア海
コリントス
ミュケナイ
オリュンピア
アルゴス
スパルタ
地中海
クレタ

エロスとプシュケ

相手に恋をする鏃（やじり）で指を負傷したエロスはプシュケに惚れ込み、結婚。だが、寝ている隙に正体を見られたエロスは怒って姿を消してしまう。プシュケはあきらめずに多くの試練を通過し、ついにはエロスと結ばれる。

アポロンとダプネ

アポロンにからかわれて憤慨したエロスが、ダプネに恋心を抱く愛の矢をアポロンに、誰も愛せなくなる矢をダプネに撃ち込んだ。結果、アポロンがダプネを追いかけるもダプネは逃亡を続け、アポロンがダプネをピニオス川のほとりで捕まえようとした瞬間、彼女は月桂樹の木に姿を変えてしまう。

セレネとエンデュミオン

エンデュミオンと恋仲だった月の女神セレネは、ゼウスに頼んでエンデュミオンに永遠の若さを与えてもらう。だが、その代償としてエンデュミオンは永遠に眠り続けることとなった。

第2章

北欧神話

Norse Mythology

終末が運命づけられた神々と
巨人たちが織り成す戦いの物語を
6つの名場面からつかむ!

本章を読む前につかんでおきたい

北欧神話のあらすじ

北欧神話はヨーロッパのゲルマン民族の間に語り継がれ、フィンランドをのぞく北欧で伝えられた神話を詩文による『エッダ』などにまとめたものです。

物語は、神々と巨人族の争い、最終戦争により破滅を迎える終末観が主軸となっています。

北欧神話世界の始まりを担ったのは、牛と巨人たち。氷と炎の世界に原初の巨人ユミルと牝牛が現われ、ユミルから巨人族、牝牛から神々が生じ、その神の子孫であるオーディンが神話の主神となりました。このオーディンはユミルを倒し、その死体から大地や岩など世界を創造。その世界は、世界樹ユグドラシルを中心とし、その根から伸びた神々の国アースガルズなど9つの世界から構成されています。

オーディンはヴァン神族と戦い、和解したのち、旅に出て自分の身を犠牲にしながらも知識とルーン文字を獲得します。

この後はオーディン、トールら神々の冒険と巨人族の争いなどが語られますが、オーディンは「いずれ最終戦争（ラグナロク）が起こり、世界が破滅する」という予言も受けました。そこでオーディンは英雄たちの魂を集め、その日に備えようとします。しかし光の神バルドルが悪神ロキの策略で死ぬと世界に天変地異が起こり、巨人族が神々を攻撃してきました。こうしてラグナロクが始まり、オーディンら神々は激闘の末に命を落とし、世界は炎に包まれて滅びていくのでした。

の流れ

神々と巨人たちの果てない戦いが続く
戦いの神話群を俯瞰する

創世神話

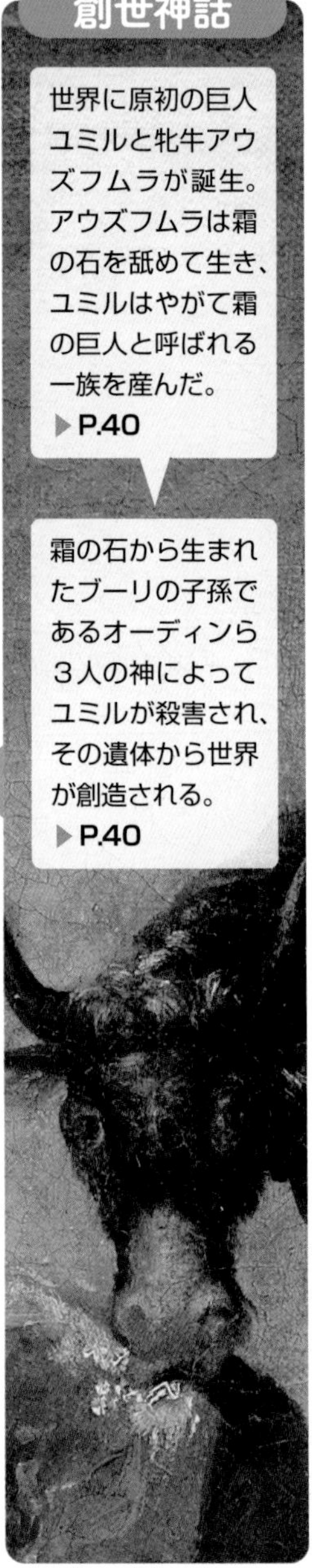

世界に原初の巨人ユミルと牝牛アウズフムラが誕生。アウズフムラは霜の石を舐めて生き、ユミルはやがて霜の巨人と呼ばれる一族を産んだ。
▶P.40

霜の石から生まれたブーリの子孫であるオーディンら3人の神によってユミルが殺害され、その遺体から世界が創造される。
▶P.40

ヴァン戦争

オーディンらアース神族の心が荒廃し、ヴァン神族との間に戦争を起こす。激しい戦いののち、両陣営は人質交換によって和睦を謀った。▶P.44

ヴァン神族が人質として最高神ニョルズとその子供たちを差し出したのに対し、アース神族が差し出したのは美丈夫の神ヘーニルと知恵者ミーミルだった。
▶P.44

オーディンの旅

オーディンは知識を求める旅のなかで、ラグナロクの予言を受ける。
▶P.46

トールと巨人

トールは巨人たちとたびたび決闘を演じ、懲らしめる。
▶P.50

あらすじマップでわかる！

北欧神話

バルドルの死

オーディンの息子で光の神バルドルを、ロキが盲目の神ホズを利用して殺害。世界から光が失われてしまう。

▶P.52

ラグナロク

太陽と月の御者ソールとマーニが狼に飲み込まれ、天変地異が起こると、巨人たちが神々の世界へ侵攻を開始。ラグナロクが始まる。

▶P.54

創世神話

北欧神話の世界は原初の巨人の遺体から造られました

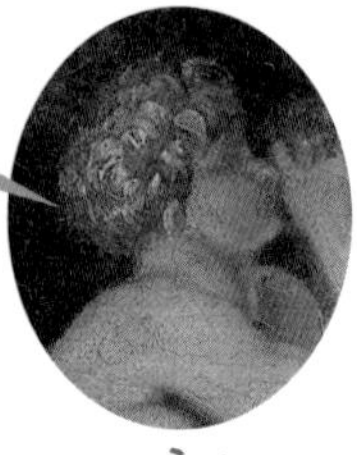

ユミル

北欧神話は、私、原初の巨人であるユミルと、牝牛のアウズフムラの誕生から始まる。アウズフムラの乳を飲んで育った私は、のちに巨人族を生み、アウズフムラが舐めていた霜の石から神々が生まれた。その神々が問題でな。なぜか私を憎み、殺しに来たのだ。

北欧神話の世界は当初、巨大な深淵のような何もない空間とその両側に熱と寒さが渦巻く火と氷の世界があるだけでした。

やがて熱風が霜を溶かし、その雫《しずく》から原初の巨人ユミルと牝牛《めうし》アウズフムラが現れ、神話が始まります。

ユミルとその体から生まれた霜の巨人たちはアウズフムラの出す乳を飲んで育ちました。

一方、アウズフムラが舐めた霜の石からブーリという男が生まれ、ブーリの息子ボルは霜の巨人の娘ベストラとの間にオーディンら3人の子をもうけます。この3人は北欧神話の最初の神で、オーディンが主神となりました。

この3神はユミルを邪悪の根源として嫌い、ついにユミルを殺してしまいます。

ユミルは巨大だったため流れ出た血が洪水を引き起こし、霜の巨人のほとんどが溺死してしまいます。その結果、生き残った巨人は神々を憎むようになりました。

ユミルの死体から世界を創造したオーディンたち

一方、オーディンたちは、ユミルの死体から世界を創造し、北欧神話の世界を形作っていきます。

肉が大地に、骨が岩石に、血は川や海に、頭蓋骨が天になりました。さらに毛髪から草木を、脳から雲を、灼熱の世界の火花から太陽、月、星を作りました。

さらに流木から人間を作ると、人間の世界ミズガルズと巨人の世界ヨトゥンヘイムを造り、ユミルのまつげを柵にして区切ります。中央にはアースガルズをもうけ、そこを神々（アース神族）の住まいとしました。

北欧の創世神話の系譜

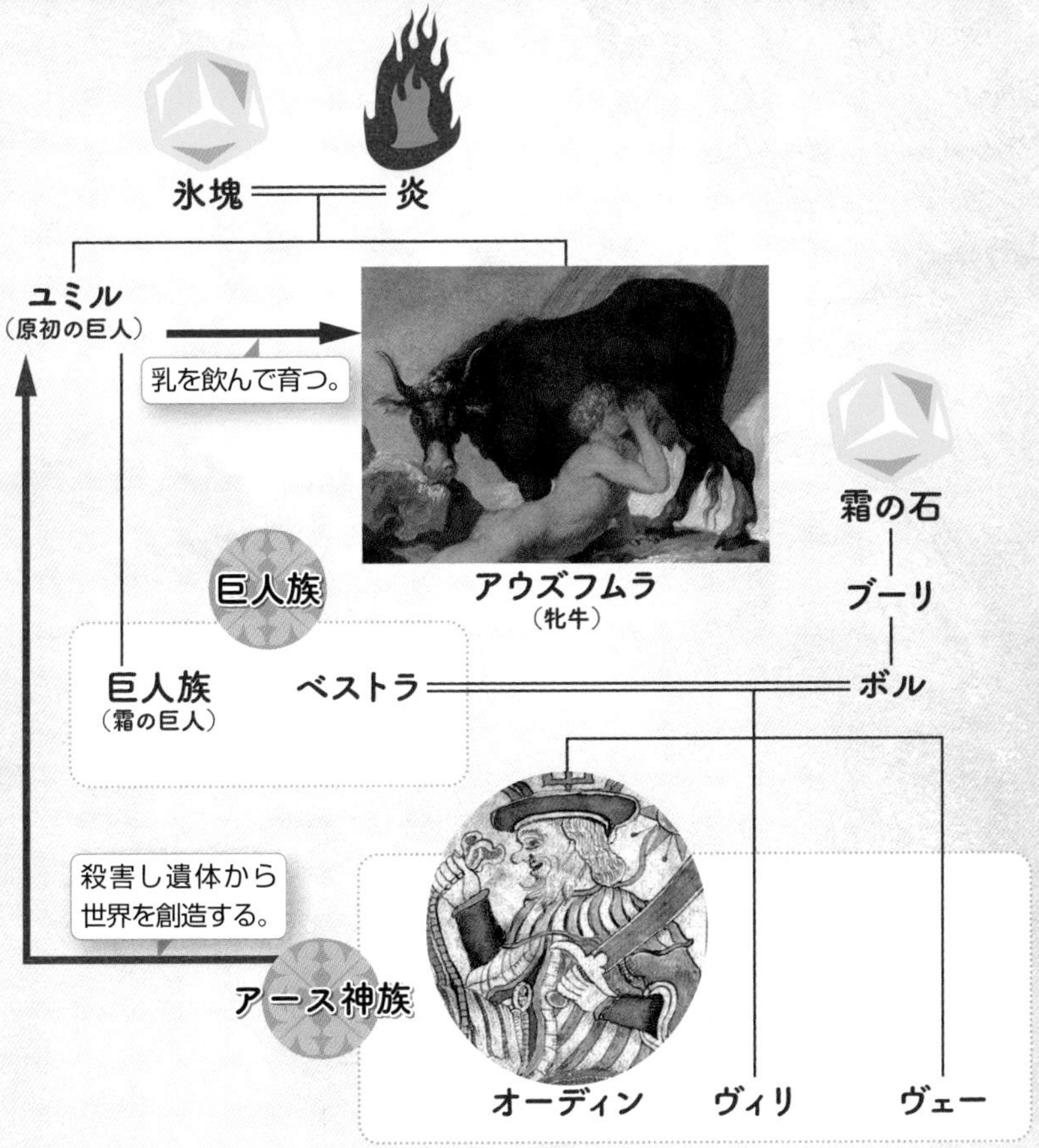
氷塊
炎
ユミル
（原初の巨人）
乳を飲んで育つ。
アウズフムラ
（牝牛）
霜の石
ブーリ
巨人族
巨人族
（霜の巨人）
ベストラ
ボル
殺害し遺体から
世界を創造する。
アース神族
オーディン
ヴィリ
ヴェー

もっと知りたい！ 北欧神話

人間の誕生

北欧神話では人間の起源についてオーディンらが作ったと語ります。オーディンら3兄弟が海岸を歩いていると、2本の木を見つけます。1本の木から最初の男アスク、2本目の木から最初の女エンブラを作りました。

最初の神が呼吸と生命、2番目の神が思考力と体の動き、3番目の神が視力と聴力を吹き込み、このふたりが人類の祖となりました。

Column

北欧神話の世界観

宇宙樹ユグドラシルの周囲に連結された９つの世界、これが北欧の人々が描いた世界の姿でした。

北欧神話の宇宙は、トネリコの大樹・世界樹ユグドラシルの幹で貫かれ、その根に派生した９つの世界で構成されています。

その世界の頂は天に届いて枝が世界を覆い、３本の根が巨人の世界ヨトゥンヘイム、極寒の世界ニヴルヘイム、神々の世界アースガルズに届いていました。その下に泉があり、ユグドラシルの周囲にさらに６つの世界がありました。この宇宙樹と９つの世界が北欧神話の世界観です。

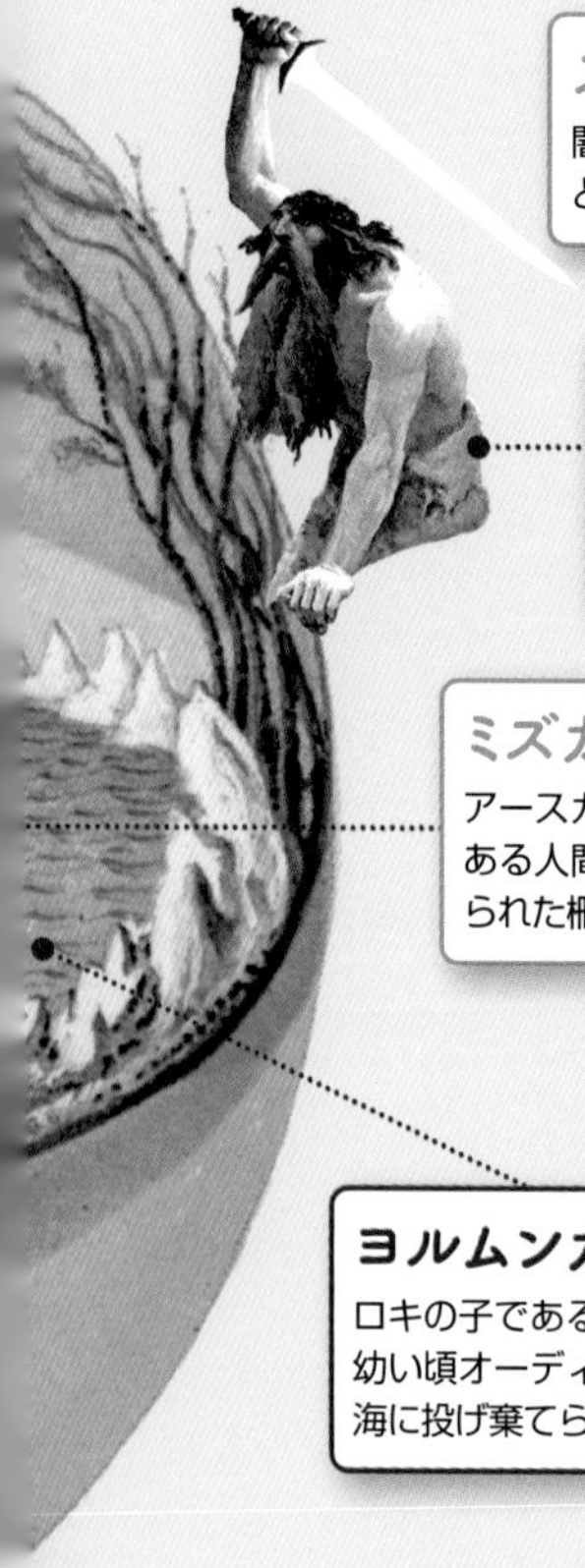

ヴァナヘイム
ヴァン神族が棲む国。場所は不明であるが、ラグナロクの影響さえも受けない場所にあるという。

スヴァルトアールヴヘイム
闇の妖精デックアールヴが棲む地下世界とされる。

ムスペルスヘイム
原初の巨人ユミルの誕生以前から存在する灼熱の国。炎の巨人スルトによって統治される。

ミズガルズ
アースガルズから見下ろせる場所にある人間の国。ユミルのまつげで作られた柵によって守られている。

ヨルムンガンド
ロキの子である大蛇神。幼い頃オーディンにより海に投げ棄てられた。

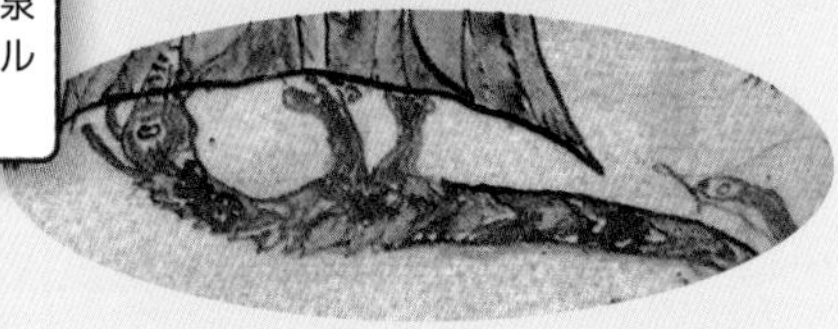

ニーズホッグ
霜と氷の国ニヴルヘイムにあるフウェルゲルミルの泉に棲む飛竜。ユグドラシルの根をかじっている。

ニヴルヘル
ロキの子で冥界の女王ヘルが支配する国。

□ユグドラシルに内包される９つの世界
□ユグドラシルの周囲に棲む生き物

※絵画は異なる伝承のイメージをつなぎ合わせて描かれた世界図の一例です。

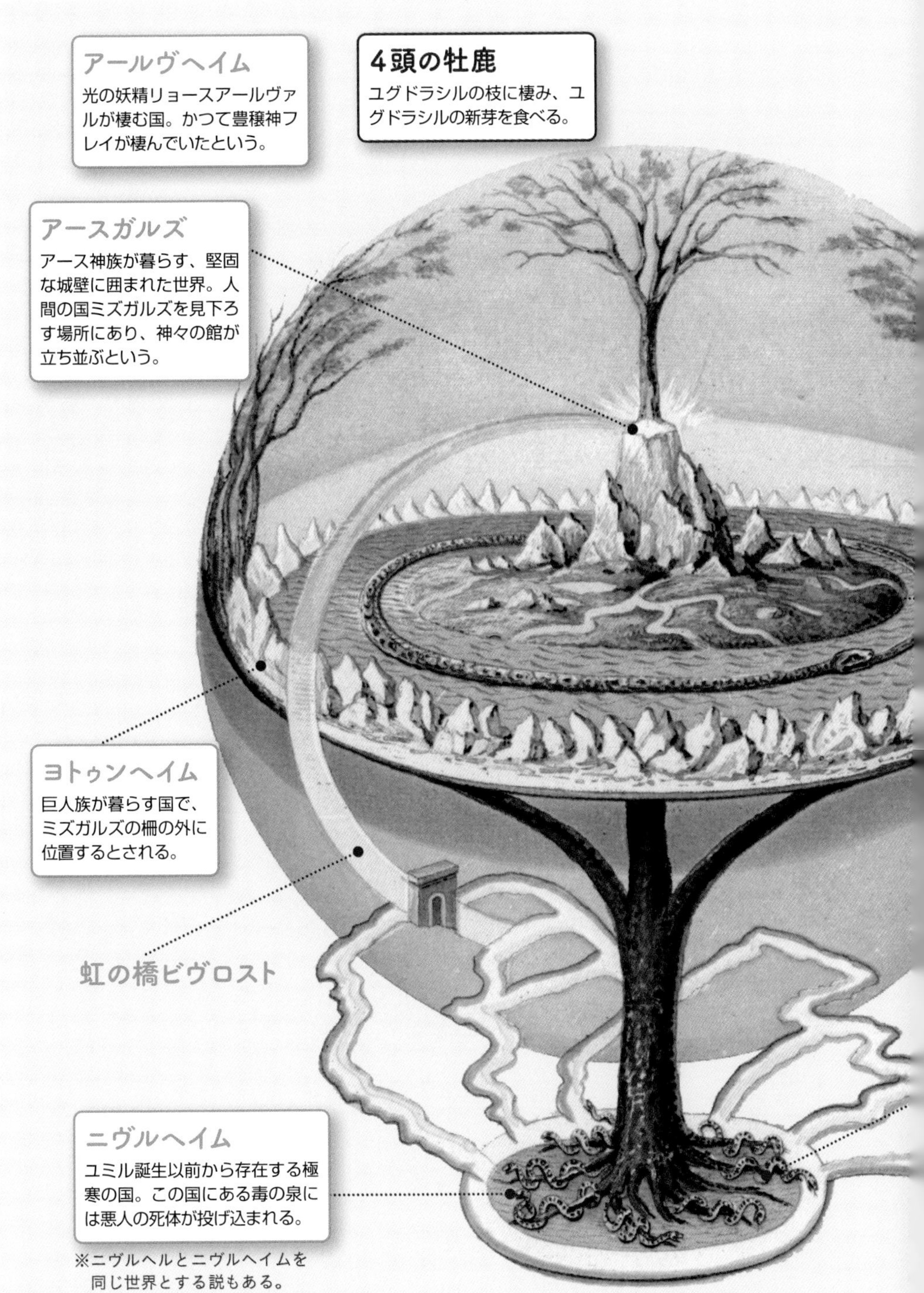
アールヴヘイム
光の妖精リョースアールヴァルが棲む国。かつて豊穣神フレイが棲んでいたという。
4頭の牡鹿
ユグドラシルの枝に棲み、ユグドラシルの新芽を食べる。
アースガルズ
アース神族が暮らす、堅固な城壁に囲まれた世界。人間の国ミズガルズを見下ろす場所にあり、神々の館が立ち並ぶという。
ヨトゥンヘイム
巨人族が暮らす国で、ミズガルズの柵の外に位置するとされる。
虹の橋ビヴロスト
ニヴルヘイム
ユミル誕生以前から存在する極寒の国。この国にある毒の泉には悪人の死体が投げ込まれる。
※ニヴルヘルとニヴルヘイムを同じ世界とする説もある。

ヴァン戦争

アース神族の不義によってふたつの神族は袂を分かちました

アース神族は、さも自分たちが世界の支配者でございという顔してるけどよ、ヴァン神族という神々もいたんだぜ。しかも神々同士で戦争をおっぱじめやがった。グルヴェイグという魔女がアースガルズに堕落をもたらしたことがきっかけなのだが、さて、その顚末はどうなったかな?

ロキ

オーディンらが創造したアースガルズでは、オーディンを中心にアース神族が幸せに暮らしていました。一方でヴァナヘイムにはアース神族とは異なる系統の神々の種族であるヴァン神族が暮らしていました。

ある時、ヴァン神族の魔女グルヴェイグがアースガルズにやってきて女神たちにみだらな教えを広め、堕落させてしまいます。

男神たちが怒って魔女を殺しますが、なんと魔女は3度も生き返りました。これをきっかけにアース神族とヴァン神族は対立し、戦争が起こります。またはオーディンがヴァン神族の土地を侵略したのが戦争のきっかけともいわれています。

熾烈《しれつ》な争いが展開されますが、戦いは互角で決着がつかなかったため、疲れ果てた神々は、人質交換をして和解しました。

アース神族の不義理に対し、報復に出たヴァン神族

ところが、この人質交換が両神族の間に新たな不和を招きます。

ヴァン神族が最高神ニョルズとその子フレイなど指導者を差し出したのに対し、アース神族が差し出したのはあまり知られていない美丈夫の神ヘーニルと知恵者ミーミルでした。

しかもヘーニルは何もできない愚か者だったため、怒ったヴァン神族はミーミルの首を切り落とし、その首をアース神族に送り返してきます。この事件によって両者は絶交し、ヴァン神族は神話から姿を消しました。

ふたつの神族の対立は、ヨーロッパ土着の農耕民と、これを征服したゲルマン族の対立を反映したものともいわれています。

ヴァン戦争の発端と経過

グルヴェイグ殺害を発端とするヴァン戦争は、人質交換によって終結した。だが、優れた神々を送って来たヴァン神族に対し、アース神族は無能なヘーニルを送り込んだため、共に派遣されたミーミルが首を切られることとなった。

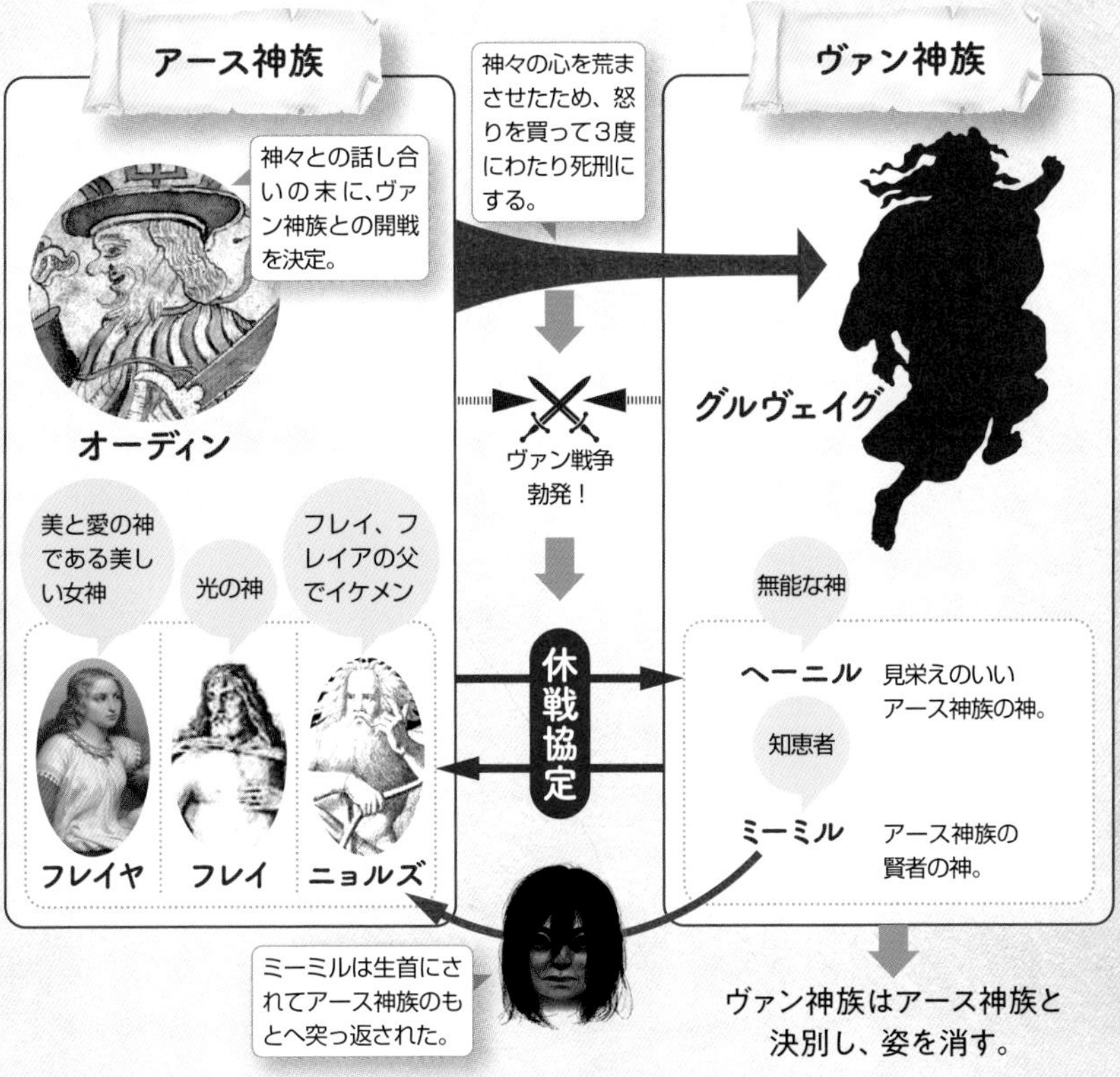

もっと知りたい！ 北欧神話

アースガルズの城壁再建

　ヴァン戦争でアースガルズの城壁が壊れて困っていた神々の前に、牡馬を連れた鍛冶屋が現れ、城壁を建てる報酬として、女神フレイヤと太陽、月を要求してきました。そこで神々は半年という条件付きで受け入れますが、期日の３日前にはほぼ完成してしまいました。

　慌てたのは神々です。そこでロキが牝馬に化けて牡馬を誘惑し、鍛冶屋の仕事を遅らせます。それを知った鍛冶屋は巨人の正体を現し神々を襲いますが、戦いの神トールによって返り討ちにされてしまいしました。こうしてアースガルズは堅固な城壁を手に入れたのです。

オーディンの旅

北欧神話の最高神は、ラグナロクに備え世界中に不和をもたらしました

私オーディンは、ヴァン戦争ののち最高神にふさわしい知識を得るべく旅をした。その過程で世界が破滅して滅びることを知ったが、これをただじっと待つわけにはいかぬ。それを回避するために、世界中から勇敢な戦死者を集めればよいという考えに至ったのだ。

オーディン

オーディンはヴァン戦争を終えると、たびたび知識を求める旅に出ています。

しかしそれはまるで苦行のような旅でした。知識の泉ミーミルでは、水をひと口飲んで知識を得るため、片方の目を代償に差し出し、隻眼となりました。また、呪力を持つルーン文字の秘密を知るために、自らの体を槍《やり》で串刺《くしざ》しにしてユグドラシルに9日間も吊るされるという苦行も体験しています。

オーディンが得た恐ろしい予知とその回避策とは？

しかしオーディンは、様々な知識を得るなかで、巨人たちとの最終決戦《ラグナロク》の末にこの世界が滅びるという恐ろしい事実も知ってしまいます。

以降、ラグナロクを何とか回避できないかと、さらにどん欲に知識を求めるようになったオーディンは、カラスのフギンとムニンを世界中に送って情報を収集させ、自らは世界を見通せる玉座に座り世界を監視し始めます。知識を得る目的で巨人族の娘と関係も持ちました。

また、ラグナロクの際の戦力を集めるため、オーディンは、人間の世界に不和をばらまいて戦争を引き起こしました。これは勇敢な戦死者の魂（エインヘリヤル）を集めるため。戦闘の乙女ヴァルキュリアたちを戦場に派遣して戦死者たちをヴァルハラへと導き、歓待しつつ訓練をさせたのです。

オーディンを信奉する戦士の間では、勇敢に戦って死に、ヴァルハラへと招かれることが理想とされました。一方で、穏やかな死は藁《わら》の死と呼ばれて蔑《さげす》まれるようになります。ヴァイキングの強い冒険心と闘争心の源流には、この神話の精神が息づいていたようです。

知識を求め続けるオーディンの物語

●知恵を求める旅

様々な知恵や知識を求めて世界を旅する。

どん欲に知識を求めるオーディンは、知識の泉の水を飲むために片眼を差し出し、ルーン文字の秘密を知るためにユグドラシルに9日間にわたって吊るされるなどした。知識を求める欲求はラグナロクの予言を受けると激化していったという。

知恵の泉の水

知識の泉の水をひと口飲むために、片目をミーミルに差し出す。片目を失ったが、優れた知識を得た。

彷徨

巨人たちの世界を旅しながら、知識や魔法のアイテムを得ていく。

ルーン文字

自らの体に槍を突き刺し、ユグドラシルに9日間にわたって首を吊り、ルーン文字の秘密を得る。

●多くの子をもうける

正妻のフリッグのみならず巨人の女性など、ほかの女性との間にも子をもうけた。

フギンとムニン

オーディンの肩にとまるカラスは、フギン（思考）、ムニン（記憶）という。各地に派遣することで世界の情報を手に入れることができる。

フリズスキャールヴ

腰掛ければ世界中の出来事を知ることができる高座。

ゲリとフレキ

オーディンの足元にはべる2頭の狼。

フリッグ＝＝
- バルドル
- ホズ

グリーズ＝＝
- ヴィーザル

ヨルズ＝＝
- トール

（その他の子）
- ヘルモーズ
- ブラギ
- テュール

●エインヘリヤルを集める

各地の戦場にヴァルキュリアを派遣して戦死者の魂をヴァルハラへと集め、訓練をさせながらラグナロクに備える。

ヴァルハラ

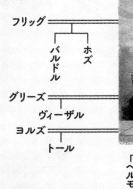

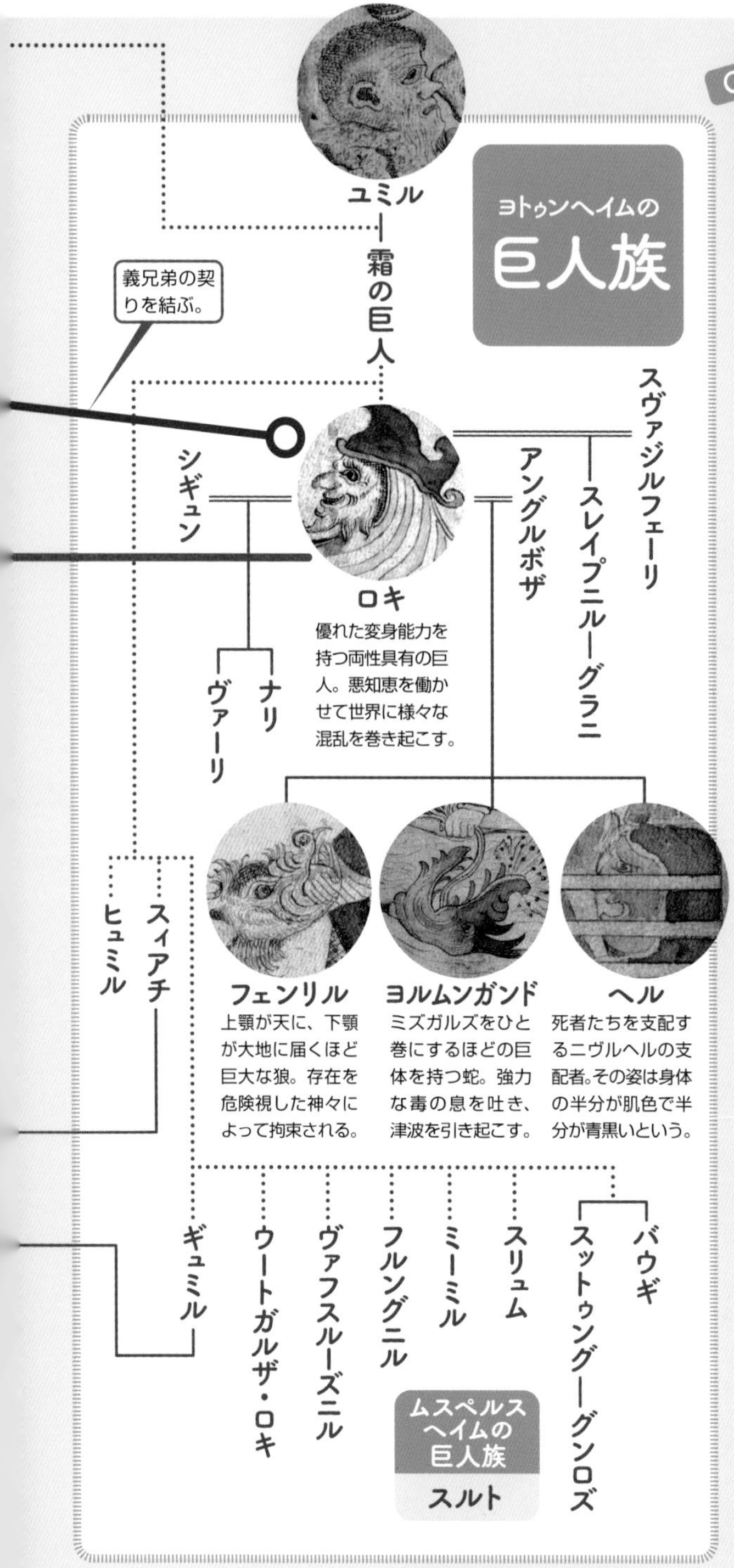

ヨトゥンヘイムの
巨人族
ユミル
霜の巨人
義兄弟の契りを結ぶ。
シギュン
ロキ
優れた変身能力を持つ両性具有の巨人。悪知恵を働かせて世界に様々な混乱を巻き起こす。
アングルボザ
スヴァジルフェーリ
スレイプニル
グラニ
ナリ
ヴァーリ
フェンリル
上顎が天に、下顎が大地に届くほど巨大な狼。存在を危険視した神々によって拘束される。
ヨルムンガンド
ミズガルズをひと巻にするほどの巨体を持つ蛇。強力な毒の息を吐き、津波を引き起こす。
ヘル
死者たちを支配するニヴルヘルの支配者。その姿は身体の半分が肌色で半分が青黒いという。
ヒュミル
スィアチ
ギュミル
ウートガルザ・ロキ
ヴァフスルーズニル
フルングニル
ミーミル
スリュム
スットゥング
グンロズ
バウギ
ムスペルスヘイムの
巨人族
スルト

Column

北欧神話の神々と巨人族

　北欧神話の神々は、オーディンらアース神族とそれ以外のヴァン神族のふたつの系統がありました。

　アース神族はアウズフムラの子孫ボルと霜の巨人ベストラとの間に生まれたオーディンを最高神とする一族で、主要な神トールやバルドルはオーディンの子とされています。

　一方、ニョルズ、フレイ、フレイヤが属するヴァン神族はそれとは異なり、豊穣の神の系譜です。

　また、これらの神々とは別に巨人族が存在します。

　彼らはオーディンらによるユミル殺害を契機としてアース神族を憎むようになっていました。

　この関係から、北欧神話の神々と巨人は、常にいがみ合い、戦う間柄となっているのです。

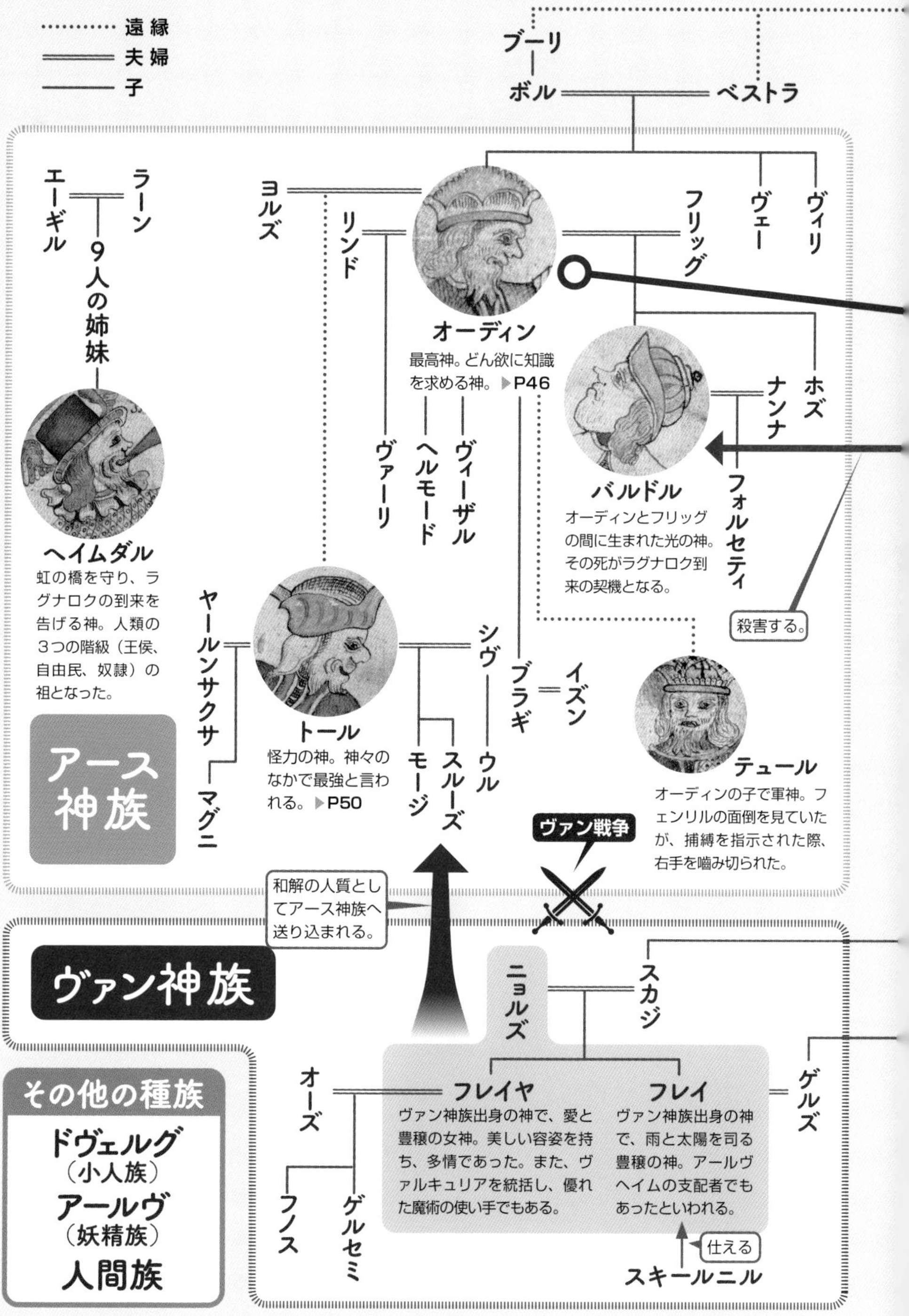

遠縁
夫婦
子
ブーリ
ボル
ベストラ
エーギル
ラーン
9人の姉妹
ヨルズ
リンド
オーディン
最高神。どん欲に知識を求める神。▶P46
フリッグ
ヴェー
ヴィリ
ヴァーリ
ヘルモード
ヴィーザル
バルドル
オーディンとフリッグの間に生まれた光の神。その死がラグナロク到来の契機となる。
ホズ
ナンナ
フォルセティ
殺害する。
ヘイムダル
虹の橋を守り、ラグナロクの到来を告げる神。人類の3つの階級（王侯、自由民、奴隷）の祖となった。
アース神族
ヤールンサクサ
マグニ
トール
怪力の神。神々のなかで最強と言われる。▶P50
モージ
スルーズ
シヴ
ウル
ブラギ
イズン
テュール
オーディンの子で軍神。フェンリルの面倒を見ていたが、捕縛を指示された際、右手を噛み切られた。
ヴァン戦争
和解の人質としてアース神族へ送り込まれる。
ヴァン神族
ニョルズ
スカジ
オーズ
フレイヤ
ヴァン神族出身の神で、愛と豊穣の女神。美しい容姿を持ち、多情であった。また、ヴァルキュリアを統括し、優れた魔術の使い手でもある。
フレイ
ヴァン神族出身の神で、雨と太陽を司る豊穣の神。アールヴヘイムの支配者でもあったといわれる。
ゲルズ
フノス
ゲルセミ
仕える
スキールニル
その他の種族
ドヴェルグ（小人族）
アールヴ（妖精族）
人間族

トールと巨人

怪力の神には、巨人との戦いのエピソードが伝わります

城壁再建の一件で巨人を粉砕した俺様はオーディンの息子で雷の神さ。恐らく倒した巨人共の数で、俺にかなう者はいないだろう。雷を呼ぶ鎚ミョルニルを手に暴れまわる俺の最強伝説を、刮目《かつもく》してみていくがいい。

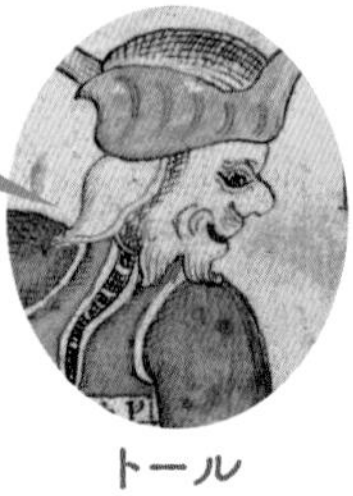

トール

オーディンと大地の巨人ヨルズとの間に生まれたトールは、北欧神話で最も人気が高い神です。

巨人族にも恐れられた最強の雷神で、見事な赤髭《あかひげ》を持つ大男。標的に命中し必ず手元に戻ってくるミョルニルの鎚《つち》（ハンマー）を武器として無類の強さを誇り、２頭の牡ヤギが引く戦車に乗って天空を駆け巡りました。

トールには巨人との戦いの話が多く、アースガルズにやってきて暴れた巨人フルングニルとの戦いでは、トールが投げたハンマーと巨人が投げた砥石《といし》が空中で激突。トールのハンマーが砥石を打ち砕き、巨人も粉々にしています。

ロキにはめられて巨人ゲイルロズの館に赴いた時の戦いでは、焼けた太矢を投げつけられますが、鉄の手袋で受け止めて逆に投げ返し、巨人の体を貫きました。

花嫁に化けたトールが巨人との婚礼に臨む!?

トールの逸話の中でも興味深いのが、ミョルニルを奪ったスリュムを退治した話で、ここではユーモアあふれる話が展開します。

ある時、トールはスリュムという巨人にミョルニルを奪われてしまいます。スリュムは返還の条件として美しい女神フレイヤを嫁にほしいと要求してきました。

それを聞いたフレイヤは激怒して、とりつくしまもありません。ミョルニルが巨人に奪われたままでは神々にとっても一大事です。そこで神々は相談し、トールをフレイヤの代わりに花嫁に仕立ててスリュムのもとに送り込むことにしました。

婚礼の宴《うたげ》ではベールをかぶったトールが大

トールと巨人の戦い

鍛冶屋	神々の妨害により、アースガルズの城壁を完成させられず激怒した鍛冶屋を殺害する。
スリュム	女神フレイヤを妻にするため、ミョルニルの鎚を奪いこれと引き換えにフレイヤを得ようと画策した。フレイヤに相談したところ激怒されたトールは、花嫁に化けてスリュムに接近。婚礼の宴では大食漢ぶりを発揮して巨人を驚かせた。やがて油断したスリュムがミョルニルを持ち出したところでトールが正体を現し、スリュムは殺害された。
ウートガルザ・ロキ	ウートガルズに攻め込んだトールであったが、ウートガルザ・ロキの幻術に翻弄され、ウートガルズ征服に失敗した。
フルングニル	オーディンによってアースガルズに招かれたフルングニルが、酒宴で泥酔して罵詈雑言を吐いた。これに怒ったトールが決闘を挑み、ミョルニルの鎚を投げつけて殺害。フルングニルが所有していた名馬をトールの息子マグニが手に入れた。
ゲイルロズ	ゲイルロズはトールを抹殺しようと娘たちを派遣するが失敗。自らトールに決闘を挑み、鉄塊を投げつけたが、逆に投げ返されて柱ごと鉄塊によって大地に縫い付けられてしまった。

食漢ぶりを発揮したり、怖い目でにらんだりするなどして正体がばれそうになりますが、そのたびに侍女に扮装《ふんそう》したロキが何とかとりなして婚礼が進みます。

やがてスリュムは油断し切り、花嫁を清めるためにミョルニルが運ばれてきました。

この瞬間を待っていたトールはベールをかなぐり捨てるとハンマーをつかみ、スリュムの頭を打ち砕いて殺害。さらに巨人を次々と倒します。

こうしてトールは、無事ミョルニルを取り戻して帰還しました。

ロキと一番仲が良かったのがトール？ ミョルニルもロキがもたらした武器

そんなトールは、ロキとは腐れ縁ともいえる関係で、ロキに何度も罠《わな》にはめられて、窮地に陥ったにもかかわらず、しばしば一緒に旅をしています。

じつはミョルニルも、ロキがトールの妻シヴの美しい金髪を切った代償として、もたらしたものでした。

バルドルの死

光の神を殺害したロキは、ラグナロクまで続く罰を与えられました

神と巨人の戦いはやがて世界を破滅に導こうとしていました。じつはその引き金が私バルドルの死だったのです。私は光の神として世界に輝きをもたらしてきたため、大変愛されていました。これを妬《ねた》んでいたのがロキだったのです。

バルドル

オーディンと、正妻フリッグの息子バルドルは、大変聡明で純粋にして、みんなから愛されている光の神でした。ある時、そのバルドルの死が予言されてしまいます。

光の神の死はラグナロクの到来に直結します。そこで予言の成就を阻止するべくフリッグが奔走して神々の協力を取り付け、バルドルは何を投げつけられても傷つかないという不死の能力を得ました。

ロキがバルドルの唯一の弱点を知り、バルドルを死に追い込む

それが面白くなかったのが悪神ロキです。ロキは巨人の子でしたが、オーディンと義兄弟の契りを交わし、アースガルズの住人となっていました。ロキは狡猾《こうかつ》で平気で嘘をつき、いたずら好きで、しばしば神々を困難に巻き込みます。

しかし一方でオーディンの愛馬スレイプニルやトールのミョルニルをもたらすなど、神々に恩恵と災いをもたらす二面性を持つ存在でもありました。

ロキはバルドルがちやほやされるのが気に食わず、女に変身して、フリッグからバルドルの弱点を聞き出します。そして神々が、バルドルが本当に傷つかないか、物を投げつけるなか、ロキは盲目の神ホズをそそのかし、唯一の弱点であったヤドリギの若木をバルドルに向かって投げさせたのです。若木はバルドルの胸を貫き、バルドルは命を落としてしまいます。

オーディンは死者の世界ニヴルヘルの女王ヘルから、「バルドルのために世の中の全員が泣けば生き返らせる」と約束されましたが、女巨人に化けたロキだけがこれを拒否し、バルドルは復活までも阻止されてしまいました。

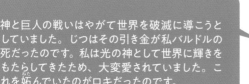

バルドルの死を巡る相関図

オーディンの子バルドルはロキの策略によって死が確定。物語はラグナロクへ向かって突き進むこととなる。

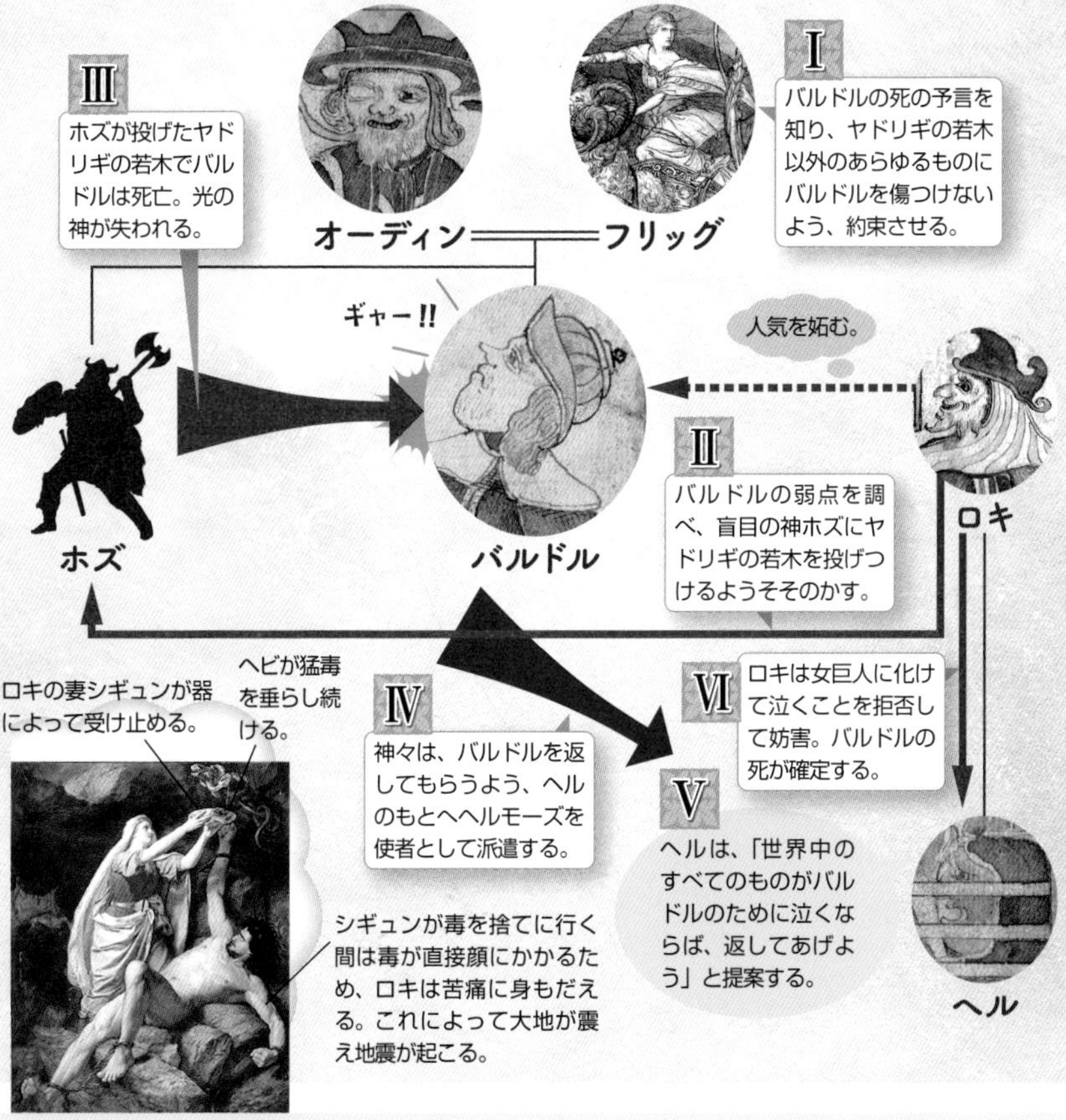
Ⅰ
バルドルの死の予言を知り、ヤドリギの若木以外のあらゆるものにバルドルを傷つけないよう、約束させる。
Ⅲ
ホズが投げたヤドリギの若木でバルドルは死亡。光の神が失われる。
オーディン
フリッグ
ギャー!!
人気を妬む。
ホズ
バルドル
ロキ
Ⅱ
バルドルの弱点を調べ、盲目の神ホズにヤドリギの若木を投げつけるようそそのかす。
ロキの妻シギュンが器によって受け止める。
ヘビが猛毒を垂らし続ける。
Ⅳ
神々は、バルドルを返してもらうよう、ヘルのもとへヘルモーズを使者として派遣する。
Ⅵ
ロキは女巨人に化けて泣くことを拒否して妨害。バルドルの死が確定する。
Ⅴ
ヘルは、「世界中のすべてのものがバルドルのために泣くならば、返してあげよう」と提案する。
シギュンが毒を捨てに行く間は毒が直接顔にかかるため、ロキは苦痛に身もだえる。これによって大地が震え地震が起こる。
ヘル

もっと知りたい！ 北欧神話

ロキに与えられた罰

　バルドルの死の後もロキはアースガルズにとどまっていましたが、宴会で神々を誹謗中傷し姿を消します。オーディンはロキの態度に激怒し、彼の隠れ家を発見すると、神々を向かわせて彼とその息子たちを捕えます。

　そしてロキをその息子の腸で作った鎖で縛り上げ、顔に毒蛇の毒が滴り続けるという罰を与えました。ロキは終末が訪れるまで、地下において鎖でつながれ、責苦を受け続けることとなったのです。

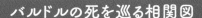

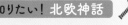

ラグナロク

神々と巨人の最終戦争が勃発し、激しい戦いの末に世界の滅亡の時が訪れます

光の神バルドル様がいなくなったため、世界は暗黒に覆われてしまいます。私たちヴァルキュリアが戦死者の魂を集めてまいりましたのは、ラグナロクを勝ち抜くため。オーディン様もこの日が来ないことを願っておられましたが、ついにその日がやってきます。

ヴァルキュリア

バルドルの死をきっかけにこの世から美しく純粋なものが消え去りました。代わりに醜い考えや悪徳、暴力がはびこり、負の感情に覆われた世界にほころびが生じ始めます。

ロキを処罰したオーディンは決戦の日に備えて、世界に戦乱を巻き起こしながら、勇敢な戦死者の魂を集めることに余念がありません。

しかし終わりの日は近づきつつありました。1年に3度厳しい冬が訪れたのです。

世界に次々と天変地異が起こり、ラグナロクが始まった

やがて太陽と月の御者ソールとマーニが狼フェンリルに飲み込まれると、大地が震え、山々が裂け、地上では天変地異が次々と起こります。

そして怪物をつないでいたあらゆる鎖や縄が断ち切られました。縛られていたロキも自由になり、神々に復讐するため、巨大な船に乗って侵攻を開始。その後にニヴルヘルから死者の軍隊が続きます。

大蛇ヨルムンガンドが海底から浮かび上がり、毒気を吐きながら陸に向かって突進。フェンリルも口を大きく開けながら走りだし、巨人や怪物たちがいっせいに神々の世界へと侵攻を始めたのです。

これを見た神々の門番のヘイムダルが角笛を高々と吹き鳴らし、巨人たちの襲撃を神々に告げました。神々は武器を手にすると、オーディンを先頭に出陣します。そして両軍は激突し、最終戦争ラグナロクが始まりました。

命を落とす神々と海に沈んだ大地

この戦いのなかで、オーディンはロキの子で

ラグナロクの流れ

Ⅰ 天変地異が起こり、太陽と月が狼に飲み込まれる。

Ⅱ 人間の世界が荒廃し、巨人連合軍が神々の世界に侵攻する。

Ⅲ 神々と巨人がヴィーグリーズの野で決戦を繰り広げる。

Ⅳ スルトによって世界が炎に包まれ終焉を迎える。

Ⅴ 海中から大地が浮上。太陽が蘇り、世界が再生する。

オーディンが飲み込まれるが、ヴィーザルが仇を討つ。
オーディン
ヴィーザル
フェンリル
相打ち
トール
ヨルムンガンド
相打ち
ヘイムダル
ロキ
フレイ
スルト

フェンリルに戦いを挑みます。

オーディンはフェンリルに飲み込まれましたが、そのフェンリルはオーディンの子ヴィーザルに倒されました。

トールはヨルムンガンドに致命傷を与えましたが、自身も怪物の毒を受けて命を落としてしまいます。戦神テュールは地獄の番犬ガルム、ヘイムダルはロキとそれぞれ壮絶な戦いの末、相打ちになりました。

ヴァン神族出身の豊穣の神フレイは、炎の巨人スルトに立ち向かうも倒されます。

そしてスルトが放った炎によって、あらゆるものが焼き尽くされ、大地は海の底へと沈んでいきました。

こうして世界は大地と共に滅んだのです。

しかしそれで終わりではありませんでした。やがて大地が海の底から浮かび上がり、太陽が照らします。

そして戦いを生き延びた神や人間が姿を現しました。冥界《めいかい》から蘇ったバルドルと、神々がアースガルズの跡地に立って過去を思い浮かべるなかで、北欧神話の物語は幕を閉じます。

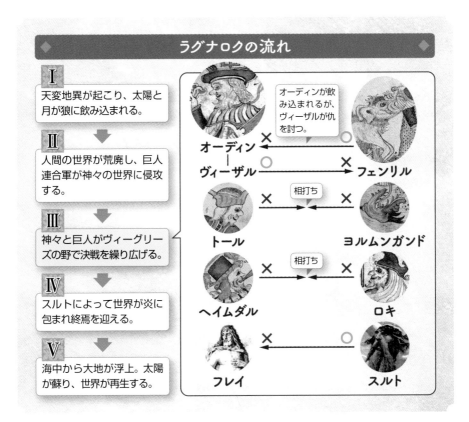

スウェーデン
フィンランド
ノルウェー
ロシア
エストニア
バルト海
ラトビア
デンマーク
リトアニア
ドイツ
ポーランド

ベオウルフ

ゴート人の英雄ベオウルフは、デンマークを旅した際に、怪物グレンデルとその母親を退治し、スウェーデンに戻り、王となった。その後、50年にわたって善政を敷いたが、その晩年に火を吐く竜が出現。家来とともにこの竜を退治したベオウルフは、自身も傷を負って最期を迎えた。

ヴェルンド

ヴェルンドはフィン国の王子で伝説的な鍛冶師。その技術に目を付けたスウェーデン王ニーズズにさらわれて孤島に幽閉された彼は、王の宝物を製作しながら復讐の機会を窺い続けた。

やがて島を訪れたニーズズのふたりの王子を殺し、続いて王女を暴行すると、鳥の翼でつくった翼を付けて空から脱出した。

ワイナミョイネン

生誕時から老人で音楽的な才能に秀でていたワイナミョイネンは、ポホヨラの支配者ロウヒの娘に求婚するが、いくつかの難題を課される。そのひとつが、塩、小麦粉、金を生み出すサンポ作りだった。

のちに彼はこれを故郷にもたらそうと、兄弟のイルマリネンと共に取り返しに行く。彼の楽器で敵を眠らせ取り返すも、途中でサンポは壊れ、そのカケラを持ち帰ったという。

シグルズ

養父である鍛冶師のレギンにそそのかされ、彼の兄で黄金を独占して竜と化したファーヴニルを退治したシグルズは、竜の血によって不死となった。また、血を舐めた魔力で、レギンが自分を殺そうとしていることを知り、彼を倒して黄金を持ち帰る。

その後、ヴァルキュリアのひとりブリュンヒルドを助け、恋に落ちたシグルズであったが、のちに別の女性と結婚したため、これを恨んだブリュンヒルドによって殺されてしまった。

ヘルギ

シグムンドの子。成長したヘルギは異母兄のシンフィエトリと共に父の敵フンディング家を襲い、王と一族を討ち取った。

やがてヘグニ王の娘でヴァルキュリアのシグルーンと恋に落ちたヘルギは、彼女を得るために挙兵し、シグルーンの婚約者とヘグニを滅ぼして結婚した。ヘルギはこれを恨んだシグルーンの弟ダグによって殺害されるが、嘆く妻を見かねてひと晩だけこの世に戻ったとされる。

Column

北欧、ゲルマンの英雄たち

サガやエッダには
北欧やゲルマンの英雄伝説が語られます

北欧とその影響を受けたゲルマン世界には、サガ（散文集）、エッダ（歌謡）において多くの英雄たちの伝説が語られています。

有名なのがシグルズの物語で、オーディンの末裔のシグルズは怪竜を殺し、不思議な力と魔力を持つ腕輪を手に入れます。恋人ブリュンヒルドにこの腕輪を贈りますが、のちに彼女を裏切ったため、殺されてしまいました。

このほかにも王に復讐を果たしたヴェルンド、殺害されたものの嘆く妻の元に1日だけ戻ってきたヘルギの話などが伝えられています。

アイスランド
北海
オランダ
イギリス
アイルランド
ベルギー
フランス

ロルフ・クラキ

６世紀頃のデンマークの伝説的な王。気前がよく偉大な戦士だったため兵から慕われ、レーリク王を倒して王位に就いた。しかし、酒宴の際に王位を狙うヒョルワルドの奇襲を受け殺害された。

シグムンド

オーディンの剣を巡る争いのなかで、妹婿のシゲイルに一族を謀殺されたシグムンドは、妹シグニューとの間にもうけたシンフィエトリとともにシゲイルへの復讐を果たした。

新妻の恋敵リュングヴィとの争いで命を落としたが、その血脈は新妻が産んだシグルズに受け継がれた。

第3章
ケルト神話
Celtic Mythology

エリンの地に流れ着いた神々と、
騎士たちの活躍を描く物語を
6つの名場面からつかむ！

本章を読む前につかんでおきたい

ケルト神話のあらすじ

ケルト神話は、アイルランドに渡ったケルト人が語り継いだ神話で、複数の物語群で構成されています。

ギリシャ神話や北欧神話とは異なり、世界の始まりを説明する創世神話が文字の形で残っておらず、種族が次々と入植した「来寇神話」から始まります。5番目のトゥアタ・デー・ダナンは悪魔フォウォレ族を倒して覇者となりますが、次に上陸したミレシア族に追われ、妖精となりました。このミレシア族がケルト人の祖となります。

続く「アルスター神話群」はアイルランド北方アルスター王国の物語で、主人公は戦士クー・フリン。彼はコナハトの女王メイヴの侵略をひとりで退けるなど活躍しましたが、女王は執念深く彼を付け狙い、最後はメイヴの罠《わな》にはまり壮絶な死を遂げました。

「フィン物語群」はフィアナ騎士団と知恵を宿した団長のフィン・マク・クウィルが主人公。怪物を退治して騎士団長になり、エリン（アイルランド）をまたにかけて活躍しましたが、最後は老いらくの恋によって破滅の道へと歩みを進めます。

「マビノギオン」はウェールズを舞台にした物語で、円卓の騎士による聖杯探しの冒険で有名なアーサー王に関する物語が展開されます。アーサー王の伝説は後世壮大な物語群へと展開し、王自身は中世の騎士道精神の模範とされました。

の流れ

騎士たちが躍動する
魔法と戦いの物語のあらすじをたどる

アルスター神話群

クー・フリンの死

多くの戦士が離反して弱体化する赤枝騎士団にあって、光の神ルグの血を引くクー・フリンは国随一の戦士に成長し、コナハトの女王メイヴを捕縛する。しかし恨みを募らせたメイヴの罠にはまり、壮絶な死を遂げた。

▶P.64

デルドレの悲劇

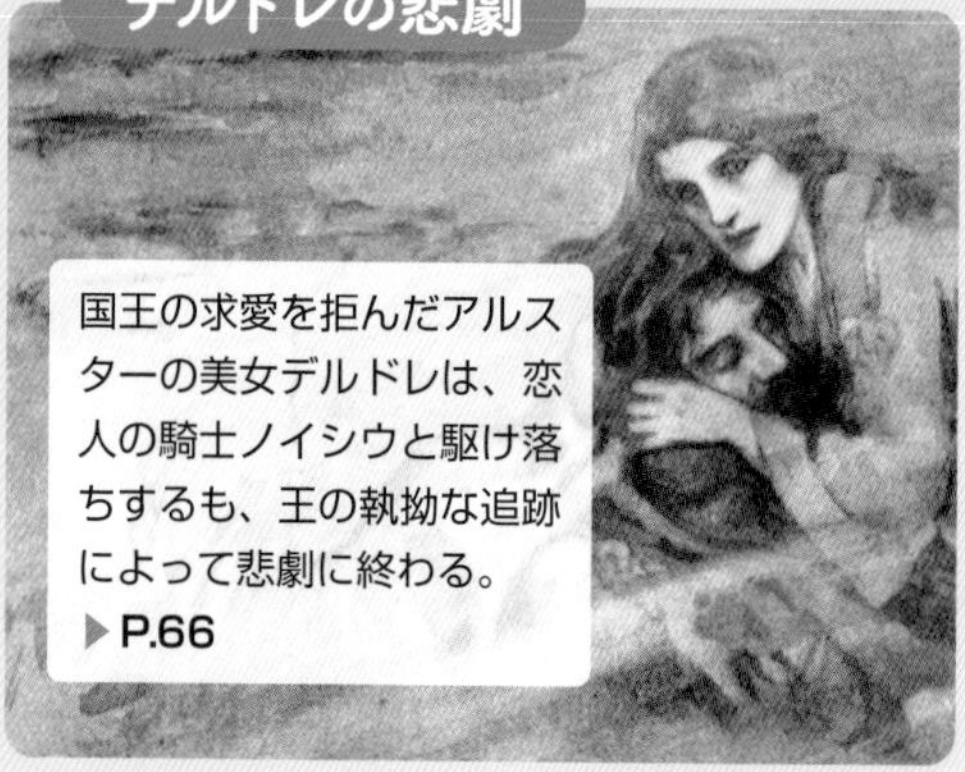

国王の求愛を拒んだアルスターの美女デルドレは、恋人の騎士ノイシウと駆け落ちするも、王の執拗な追跡によって悲劇に終わる。

▶P.66

来寇神話

エリンにトゥアタ・デー・ダナンが来寇。先住のフィル・ボルグと、悪の一族であるフォウォレを破り、覇権を確立する。しかし、その後来寇したミレシアに屈し、妖精に姿を変えて地下世界に去ったという。

▶P.62

あらすじマップでわかる！ケルト神話

アーサー王伝説

聖剣エクスカリバーを手にしたアーサー王は魔法使いマーリンの助けを得ながら名君となり、円卓の騎士たちとともにブリテン島を外敵から守る。
▶P.72

異父姉との間に生まれた不義の子モルドレッドの反乱により命を落としたアーサー王は、アヴァロンにて長い眠りについた。
▶P.72

フィン物語群

老いらくの恋

大いなる知恵を宿し、フィアナ騎士団を率いてアイルランド各地を転戦したフィン・マク・クウィル。やがて年老いたフィンが、若い妻グラーネを迎えた時、騎士団の崩壊が始まる。
▶P.68

オシーンと常若の国

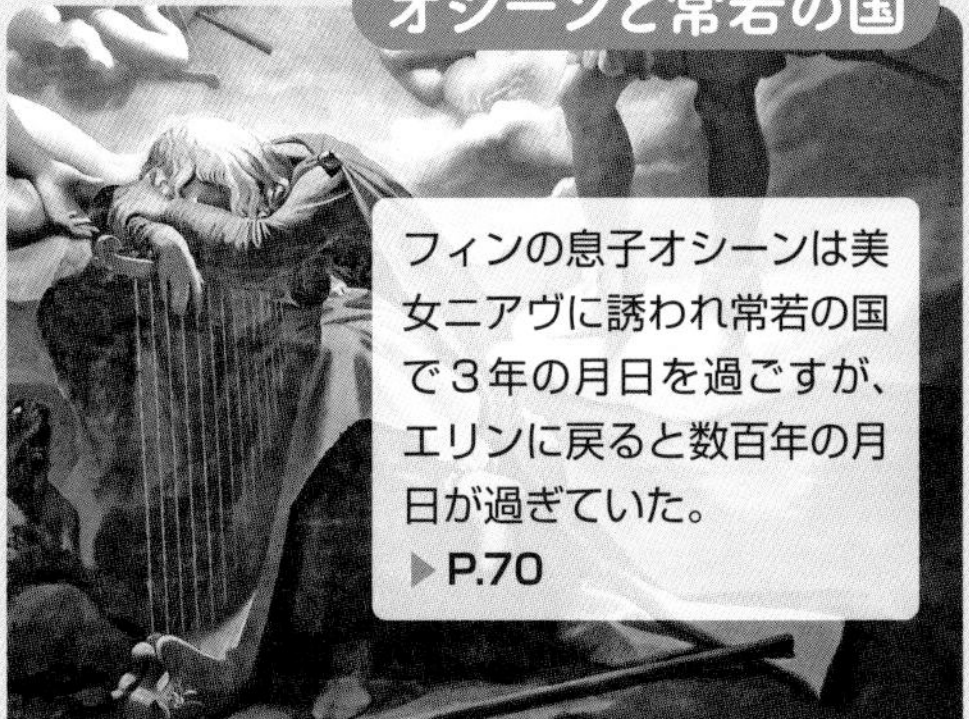

フィンの息子オシーンは美女ニアヴに誘われ常若の国で３年の月日を過ごすが、エリンに戻ると数百年の月日が過ぎていた。
▶P.70

来寇神話

悪の一族を倒したトゥアタ・デー・ダナンが、エリンに覇権を確立しました

ダグダ

エリンと呼ばれていたアイルランドの始まりはだな、ノアの子孫を皮切りに次々と民族が来寇した神話から始まるんだがや。わしダグダは5番目に来航したダーナ神族の首長のひとり。前の種族や悪の一味を破ってこの島に君臨したが、孫の時代に、別の種族にやられてしまっただ。

創世神話の現存しないケルト神話において、『来寇の書』で最初に語られるのは、エリン（アイルランド）の地に次々とやってきた種族の興亡の歴史を語る来寇神話です。

最初にやってきたのは、洪水で流されたノアの子孫ケスィルと従者たちでした。彼らが大洪水で滅びると、パルトローン、続いてネウェドなどの種族が上陸します。しかしいずれも悪の一族フォウォレに苦しめられ、疫病で滅びました。

フォウォレと対決したトゥアタ・デー・ダナンの神々

次にフィル・ボルグ族が来寇し、島を繁栄させましたが、北からやってきたトゥアタ・デー・ダナン（ダーナ神族）にモイ・トゥラの戦いで敗れます。

トゥアタ・デー・ダナンの神々は金髪碧眼《へきがん》で、科学や技術に秀でて魔術も扱いました。

しかし、戦いで腕を失った王のヌァドゥが退位すると、後を継いだブレスが暴君化。ブレスは、血縁関係にあるフォウォレと組み、逆にトゥアタ・デー・ダナンを苦しめます。

腕を取り戻したヌァドゥが王に返り咲いたものの、ブレスとフォウォレの攻撃を受け、ヌァドゥらは追い詰められてしまいます。するとそこへ光明神ルグが現われ、ヌァドゥはその手助けにより、フォウォレを討ち果たしました。

こうしてエリンの支配を安定化させたトゥアタ・デー・ダナンでしたが、のちに来寇したミレシアに敗北し、妖精に姿を変えて地下世界に去ったと伝えられます。一方、トゥアタ・デー・ダナンに代わり、エリンの支配権を握ったミレシアが、ケルト人の祖となりました。

来寇神話の流れ

創世神話の存在しないケルトにおいて、最初に語られるのがエリン（アイルランド）の地に次々と異なる民族が来寇し、覇権争いを繰り広げる来寇神話である。

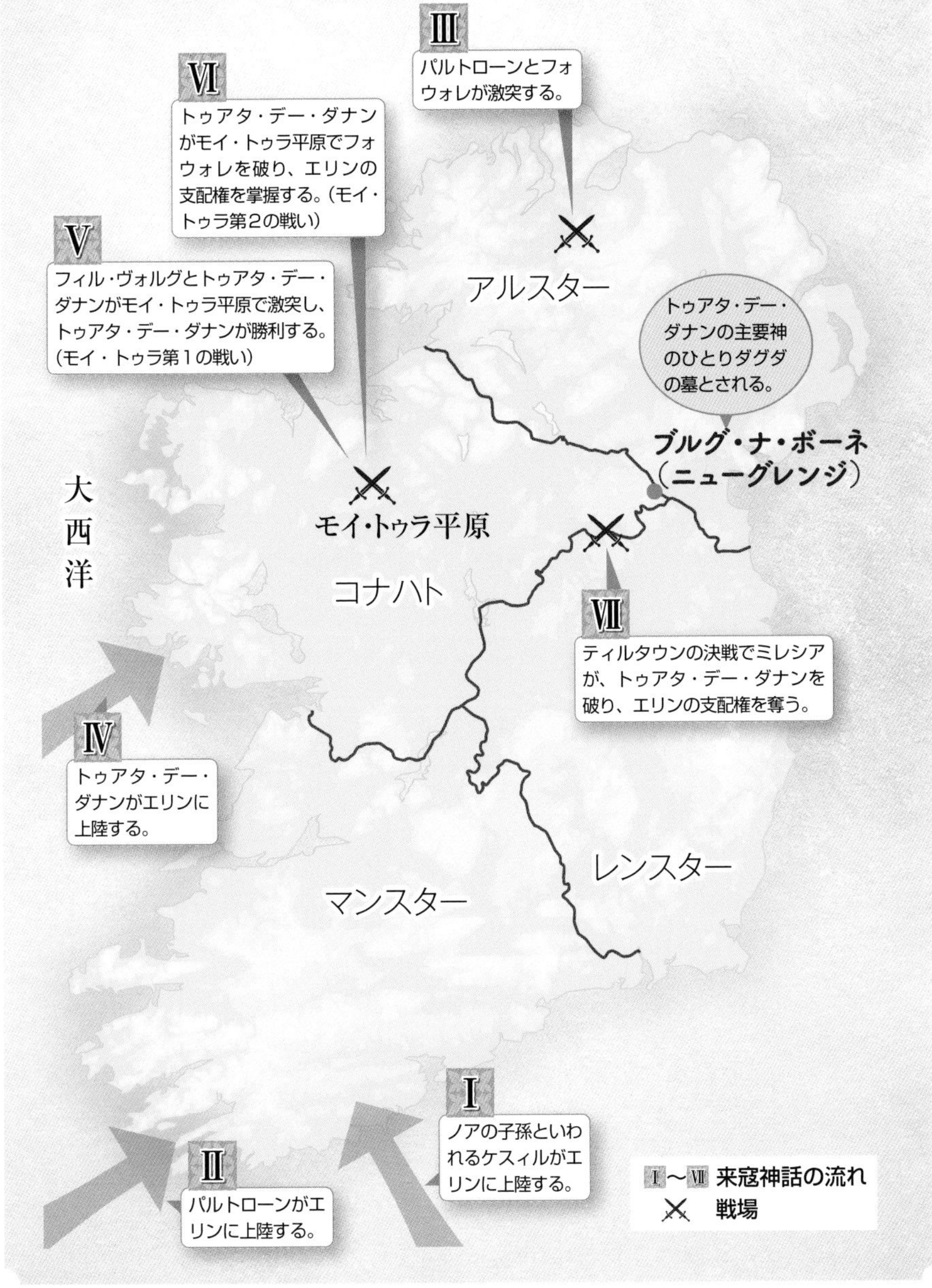
Ⅲ
パルトローンとフォウォレが激突する。
Ⅵ
トゥアタ・デー・ダナンがモイ・トゥラ平原でフォウォレを破り、エリンの支配権を掌握する。（モイ・トゥラ第2の戦い）
Ⅴ
フィル・ヴォルグとトゥアタ・デー・ダナンがモイ・トゥラ平原で激突し、トゥアタ・デー・ダナンが勝利する。（モイ・トゥラ第1の戦い）
アルスター
トゥアタ・デー・ダナンの主要神のひとりダグダの墓とされる。
ブルグ・ナ・ボーネ（ニューグレンジ）
大西洋
モイ・トゥラ平原
コナハト
Ⅶ
ティルタウンの決戦でミレシアが、トゥアタ・デー・ダナンを破り、エリンの支配権を奪う。
Ⅳ
トゥアタ・デー・ダナンがエリンに上陸する。
レンスター
マンスター
Ⅰ
ノアの子孫といわれるケスィルがエリンに上陸する。
Ⅱ
パルトローンがエリンに上陸する。
Ⅰ～Ⅶ 来寇神話の流れ
戦場

クー・フリンの死

赤枝騎士団の英雄は、コナハトの女王の罠にかけられ、壮絶な死を迎えました

俺はダーナ神族の光の神ルグの血を引く戦士だ。アルスターの赤枝騎士団の一員として国と名誉を守るためなら命も惜しまない！　コナハトの女王の大軍もひとりで撃退してみせた。俺はただアルスターを守りたかっただけなのだが、これによって女王の恨みを買うことになる。

クー・フリン

ケルト神話の世界では、来寇神話、神々の伝承を伝えるダーナ神話群に続き、北部アルスターを舞台とする英雄物語が伝えられています。

クー・フリンは、光の神ルグの血を引く超人で、アルスターのコンホヴァル王に仕えた5世紀頃の伝承の英雄です。

幼い時、鍛冶屋クランの犬を誤って殺したことから、「クランの犬」という意味でクー・フリンと名乗るようになりました。

彼は、女武者スカータから戦いの技を学び、その時与えられた魔槍ガイ・ボルガを手に勇敢に戦います。王の不実さから離反が続く赤枝騎士団の中核を担う王国随一の勇敢な戦士となり、アルスターを守る戦いに身を投じました。

クー・フリンは美男子でしたが、戦いになると恐ろしい姿に変わりました。髪が逆立ち毛の先から血がしたたり、口は人が呑《の》み込めそうなほど耳まで裂けて大きく開き、片方の目は頬の上で真っ赤に燃え盛るという姿へと一変し、凄《すさ》まじい戦いぶりで敵を圧倒したのです。

孤軍奮闘して コナハトの女王軍を撃退する

アルスター王が所有するクーリーの牡牛を奪おうとしたコナハト王の女王メイヴとの戦いでは、アルスターの戦士が女神マハの呪いで動きを封じられるなか、彼はたったひとりで大軍を相手にして戦って撃退し、ついに女王を捕らえ、戦いを終わらせています。

しかしこの一件が彼の命を縮めることになりました。

メイヴは命を助けてもらったにもかかわらず、クー・フリンに復讐《ふくしゅう》心を抱き、彼に恨みを持つ者を集めて様々な策略をしかけます。

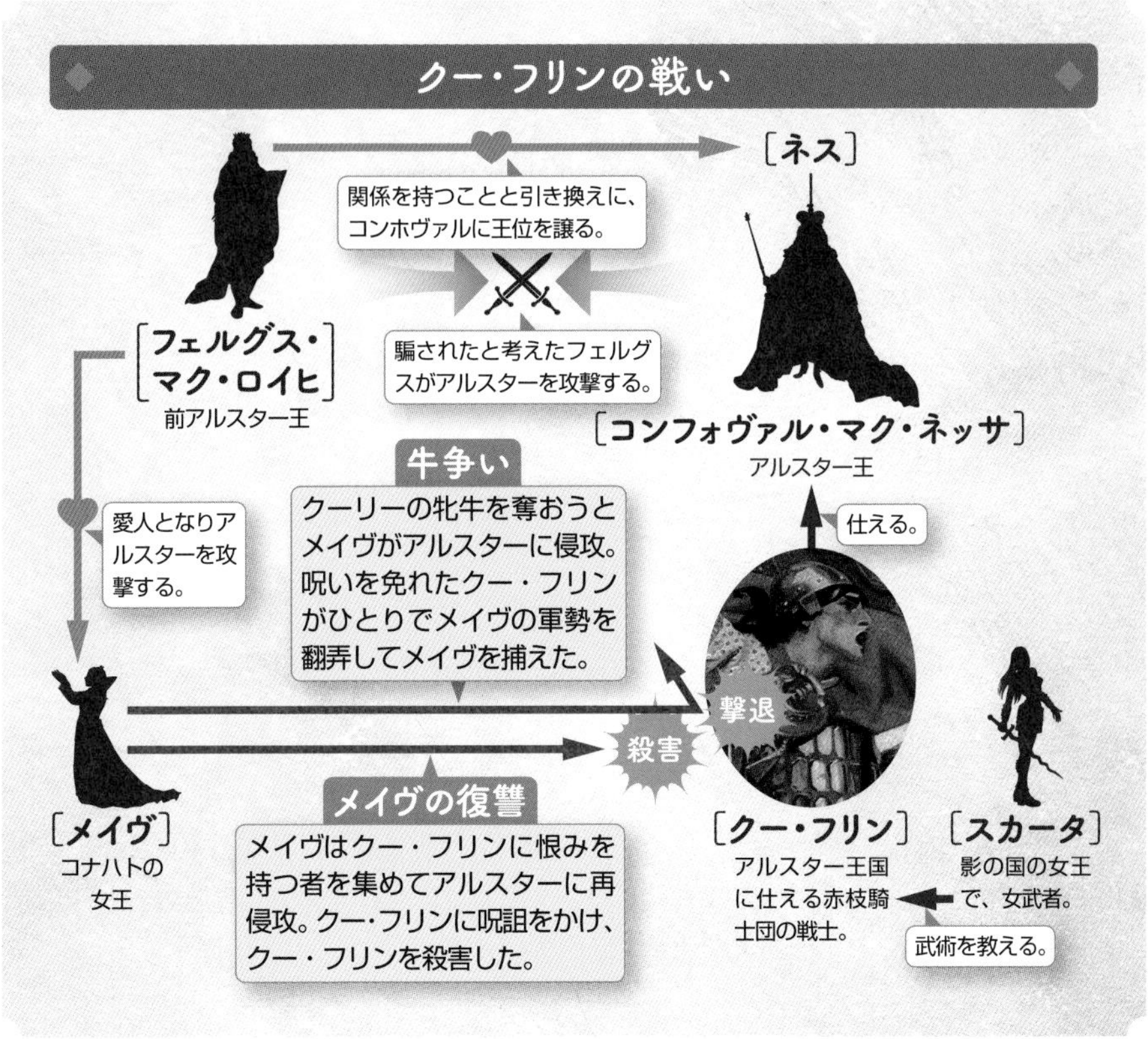
クー・フリンの戦い
関係を持つことと引き換えに、コンホヴァルに王位を譲る。
騙されたと考えたフェルグスがアルスターを攻撃する。
〔ネス〕
〔フェルグス・マク・ロイヒ〕
前アルスター王
〔コンフォヴァル・マク・ネッサ〕
アルスター王
牛争い
クーリーの牝牛を奪おうとメイヴがアルスターに侵攻。呪いを免れたクー・フリンがひとりでメイヴの軍勢を翻弄してメイヴを捕えた。
愛人となりアルスターを攻撃する。
仕える。
撃退
殺害
メイヴの復讐
メイヴはクー・フリンに恨みを持つ者を集めてアルスターに再侵攻。クー・フリンに呪詛をかけ、クー・フリンを殺害した。
〔メイヴ〕
コナハトの女王
〔クー・フリン〕
アルスター王国に仕える赤枝騎士団の戦士。
〔スカータ〕
影の国の女王で、女武者。
武術を教える。

これによりクー・フリンは、メイヴに仕えるカラディーン三姉妹の妖術にかかって錯乱し、三姉妹の幻と戦う羽目に陥ります。

立ったまま絶命し、伝説の騎士となったクー・フリン

　そして最後の戦場では、吟遊詩人がクー・フリンに槍を渡すように呼びかけます。当時、戦士は吟遊詩人の求めに応じなければならなかったため、クー・フリンが投げて渡すと、敵は「槍は王に当たる」と呪いをかけ、クー・フリンに向かって槍を投げます。3度目の槍が勢いよくクー・フリンの脇腹を貫きました。

　クー・フリンは飛び散ったはらわたをかきあつめ体に納めると、自分の体を石柱に縛り付けました。騎士らしく立ったまま死にたいと望んだからです。血が湖に流れ出すなか、クー・フリンからは凄まじい妖気が立ち上り、敵軍も恐ろしくて近寄れないほどでした。

　やがて戦いの女神モリーガンの分身である一羽のカラスが飛んできて彼の肩に止まると、クー・フリンは絶命したと伝えられます。

デルドレの悲劇

不吉な予言を受けた美女は、王の求愛を拒み、死して恋人と結ばれました

クー・フリンが仕えたアルスターのコンホヴァル王が人望を失うきっかけとなったのが、私、デルドレにまつわる物語。不吉な予言とともに誕生した私を、王は私を幽閉しながら育ててくれたのですが、それは自分の欲望をかなえるためでした。成長した私は、王から逃れるべく、騎士のノイシウとともに幽閉先を抜け出したのです。

デルドレ

クー・フリンの主君であったコンホヴァルが人望を失い、赤枝騎士団が弱体化するきっかけとなったのが、デルドレにまつわる悲劇でした。デルドレはアルスター王コンホヴァルに仕える詩人頭の娘。生まれる直前、僧から「美女になるが多くの悲劇をもたらす。災いと悲しみを招くデルドレという名前がふさわしい」と予言されます。すると王は自分の妻にすると引き取り、彼女を砦《とりで》に幽閉して育てました。

予言の通り、美しく成長したデルドレですが、老いた王の妻になる気はなく、幽閉先を抜け出して出会った若い騎士ノイシウに夢中でした。ついには彼の耳を引っ張り、「私を連れて逃げなければ、この耳は不名誉で物笑いの種になる」とけしかけます。そしてノイシウとその兄弟とともにスコットランドへ逃げ出しました。

王はしつこく追い回しましたが、デルドレとノイシウを捕らえることはできず、ついに王は彼を許すと伝えます。しかしそれは王の罠《わな》で、ノイシウは騙《だま》し討ちにされてしまいました。この時の戦いでアルスターの戦士３００人が戦死し、多くの騎士が王のもとを去りました。

死んだ後にイチイの木となって結ばれた恋

王に連れ戻されたデルドレは笑顔を見せようとはしません。王から「一番嫌いなものは何か」と尋ねられると、「王とノイシウを殺したイーガン」と即答。王が彼女にイーガンと一緒に暮らすよう命じると、絶望したデルドレは馬車から身を投げました。

その後、彼女とノイシウの墓からイチイの木が生えました。やがて両方の枝が絡み合い、固く結ばれたといわれます。

美女デルドレ悲劇の生涯

不吉な予言とともに生を受けた美女デルドレ。乳母の手引きで騎士ノイシウと出逢ったとき、彼女の運命は悲劇に向かって動き始めた。

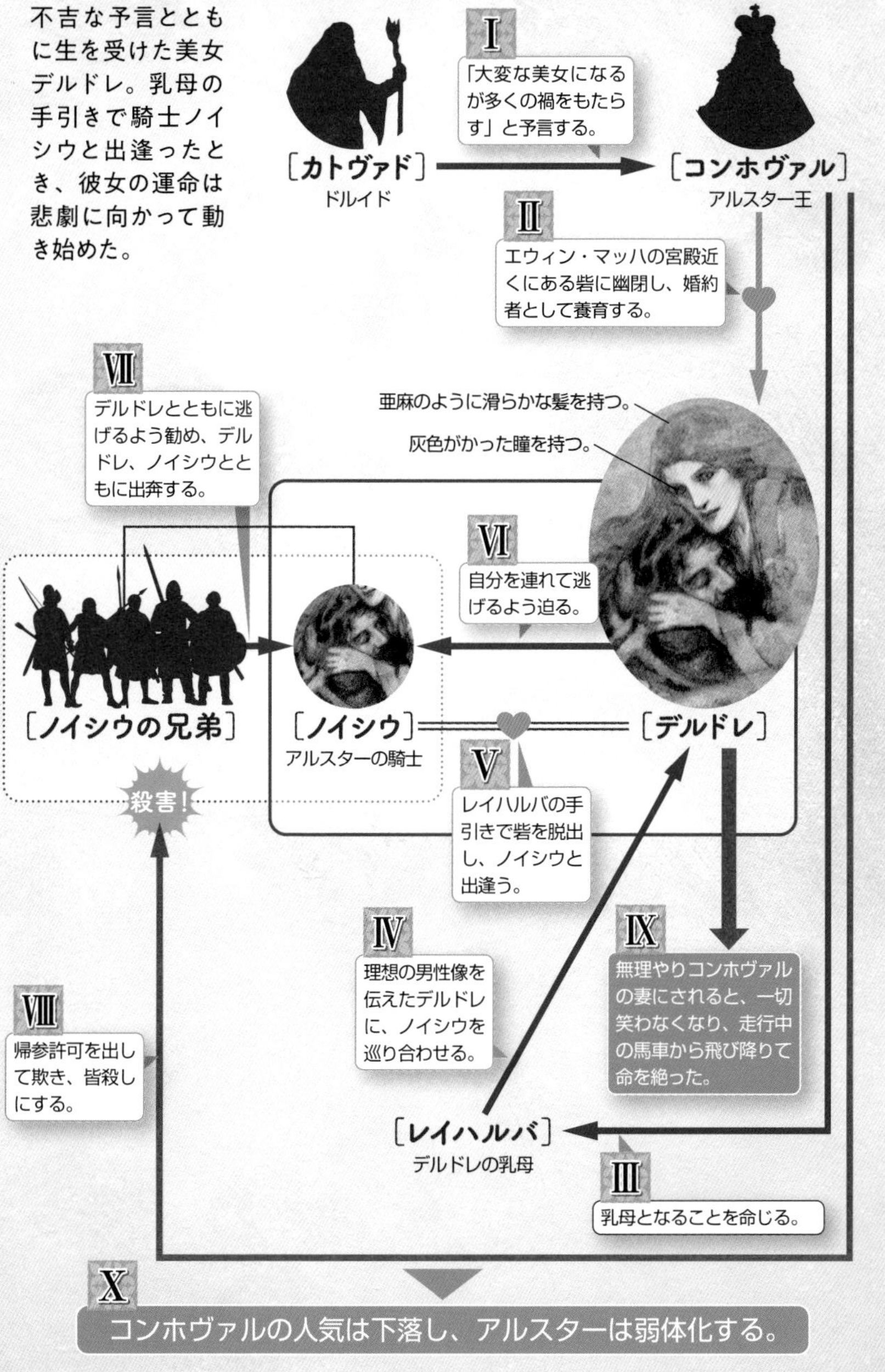

［カトヴァド］
ドルイド
Ⅰ
「大変な美女になるが多くの禍をもたらす」と予言する。
［コンホヴァル］
アルスター王
Ⅱ
エウィン・マッハの宮殿近くにある砦に幽閉し、婚約者として養育する。
亜麻のように滑らかな髪を持つ。
灰色がかった瞳を持つ。
Ⅶ
デルドレとともに逃げるよう勧め、デルドレ、ノイシウとともに出奔する。
Ⅵ
自分を連れて逃げるよう迫る。
［ノイシウの兄弟］
［ノイシウ］
アルスターの騎士
［デルドレ］
殺害！
Ⅴ
レイハルバの手引きで砦を脱出し、ノイシウと出逢う。
Ⅳ
理想の男性像を伝えたデルドレに、ノイシウを巡り合わせる。
Ⅸ
無理やりコンホヴァルの妻にされると、一切笑わなくなり、走行中の馬車から飛び降りて命を絶った。
Ⅷ
帰参許可を出して欺き、皆殺しにする。
［レイハルバ］
デルドレの乳母
Ⅲ
乳母となることを命じる。
Ⅹ
コンホヴァルの人気は下落し、アルスターは弱体化する。

老いらくの恋

騎士団長の老いらくの恋によって、フィアナ騎士団は崩壊の道へ向かいました

私フィンは、クー・フリンの時代から300年後のフィアナ騎士団を率いた団長である。エリン各地を巡り、王国に仇成す怪物や外敵を打ち破ってきた。なに？　わしが晩節を汚しただと？ ふざけるな。婚約していたグラーネを奪った部下を許せなかっただけにすぎん。

フィン・マク・クウィル

ケルト神話が語る英雄物語のなかでも、とくに民衆に人気が高かったのが、アルスター南部、レンスターなどを主な舞台としたフィン・マク・クウィルとフィアナ騎士団の物語です。

騎士団長だった父を暗殺されたフィンはドルイド（古代ケルト人の祭司階級）によって育てられ、知恵の鮭を口にして偉大な知恵を宿しました。都を悩ませる怪物を退治し騎士団長となったフィンは、息子のオシーン、孫のオスカル、優秀な戦士ディアルムドらを率いてアイルランド各地を転戦。勇敢に戦い、魔術も駆使しながら外敵や怪物を退治していきます。

フィンの老いらくの恋と恋人たちの悲劇の結末とは

老年に差し掛かったフィンが、タラの上王コーマックの娘グラーネと結婚しようとしたことから悲劇は起こります。

グラーネは、老いたフィンとの結婚を嫌い、若い騎士ディアルムドが自分に恋心を抱くように呪文《じゅもん》をかけ、彼と駆け落ちしてしまうのです。

ほかの騎士たちはディアルムドをかばいますが、フィンはふたりを16年も執拗《しつよう》に追い続けました。

やがてフィンは彼と和解し、故郷に戻りグラーネとの結婚生活を送りますが、彼らを許していませんでした。

ある時、ディアルムドを山におびき出し、魔の猪《いのしし》に襲わせたのです。重傷を負ったディアルムドを前に、フィンは癒《いや》しの力を持つ水を3度にわたってわざとこぼして助けず、死にゆくディアルムドを傍観したのでした。

このフィンの非情な行ないに騎士たちは愛想を尽かし、騎士団は衰退に向かっていくのです。

フィアナ騎士団の活躍

フィン・マク・クウィル率いるフィアナ騎士団は、タラの上王の要請に応えながら化け物や海外からの脅威を排除していった。だが、年老いたフィンが王女を妻に迎えたことから、騎士団は崩壊へと向かっていく。

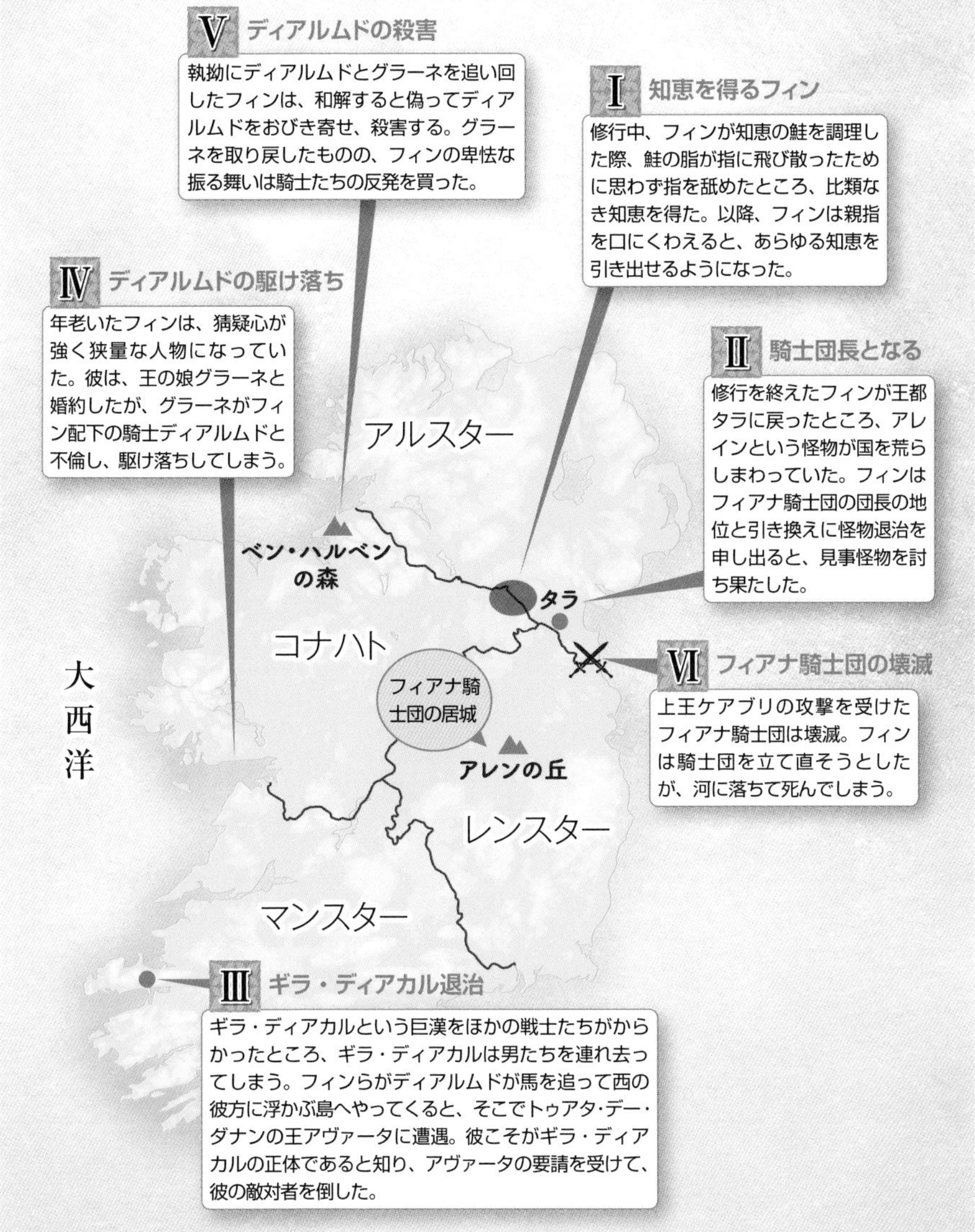
Ⅰ 知恵を得るフィン
修行中、フィンが知恵の鮭を調理した際、鮭の脂が指に飛び散ったために思わず指を舐めたところ、比類なき知恵を得た。以降、フィンは親指を口にくわえると、あらゆる知恵を引き出せるようになった。
Ⅱ 騎士団長となる
修行を終えたフィンが王都タラに戻ったところ、アレインという怪物が国を荒らしまわっていた。フィンはフィアナ騎士団の団長の地位と引き換えに怪物退治を申し出ると、見事怪物を討ち果たした。
Ⅲ ギラ・ディアカル退治
ギラ・ディアカルという巨漢をほかの戦士たちがからかったところ、ギラ・ディアカルは男たちを連れ去ってしまう。フィンらがディアルムドが馬を追って西の彼方に浮かぶ島へやってくると、そこでトゥアタ·デー·ダナンの王アヴァータに遭遇。彼こそがギラ・ディアカルの正体であると知り、アヴァータの要請を受けて、彼の敵対者を倒した。
Ⅳ ディアルムドの駆け落ち
年老いたフィンは、猜疑心が強く狭量な人物になっていた。彼は、王の娘グラーネと婚約したが、グラーネがフィン配下の騎士ディアルムドと不倫し、駆け落ちしてしまう。
Ⅴ ディアルムドの殺害
執拗にディアルムドとグラーネを追い回したフィンは、和解すると偽ってディアルムドをおびき寄せ、殺害する。グラーネを取り戻したものの、フィンの卑怯な振る舞いは騎士たちの反発を買った。
Ⅵ フィアナ騎士団の壊滅
上王ケアブリの攻撃を受けたフィアナ騎士団は壊滅。フィンは騎士団を立て直そうとしたが、河に落ちて死んでしまう。
アルスター
コナハト
レンスター
マンスター
大西洋
ベン・ハルベンの森
タラ
フィアナ騎士団の居城
アレンの丘

オシーンと常若の国

常若の国で300年の時を過ごしたケルトの浦島太郎がいました

オシーン

俺、オシーンはフィンの息子で、フィアナ騎士団の騎士さ。ある時、白馬に乗ったニアヴという乙女と出会い、彼女にひと目ぼれし、彼女のいる常《とこ》若《わか》の国へと行ったのさ。彼女と幸せに暮らしたけど、故郷が忘れられず、帰国を願い出た。それがいけなかったね。故郷に戻ると絶望しか待っていなかったというわけさ。

フィアナ騎士団の団長の息子、オシーンは騎士団で最も優れた騎士でした。父が騎士たちの信望を失い、騎士団が弱体化していくなかでも息子オスカルと共に戦い、支えていました。

しかしフィアナ騎士団は上王ケアブリの攻撃を受け、ガウラの戦いで壊滅。オスカルも戦死します。

その撤退中のこと。オシーンのもとに白馬に乗った乙女が近づいてきて、常若の国の王の娘ニアヴと名乗りました。常若の国はダーナ神族が隠れ住んでおり、誰もが永遠に年をとらない場所です。ニアヴにひと目惚れしたオシーンは彼女の馬に乗り、騎士団を離れていきました。

常若の国で歓待されたオシーンは、国民すべてが理想の年齢に育ち、または若返る常若の国を治めます。ニアヴとの間に子供も生まれ、3年の月日が経ちました。

一方で募るのは望郷の念です。オシーンの様子を見たニアヴは夫に白馬を渡し、絶対にこの馬から降りないようにと伝えました。

故郷へ戻ったオシーンが直面した残酷な現実とは？

こうしてオシーンは懐かしの故郷へと戻りましたが、そこは小さい人の治める国になっていました。

オシーンが見知った人は誰ひとりおらず、住民に話を聞いた彼は衝撃を受けます。フィンとフィアナ騎士団がいたのは大昔の話だというのです。彼が常若の国で3年過ごした間に、人間世界では数百年の歳月が過ぎていたのでした。

絶望したオシーンは、不注意から落馬してしまいます。アイルランドの大地を踏みしめた瞬間、老人となりやがて死んだと伝えられます。

オシーンの伝説

フィアナ騎士団はガウラの戦いで壊滅したのち、フィンの息子オシーンはニアヴという女性に出会い、常若の国へと赴いた。

［フィン・マク・クウィル］

フィアナ騎士団の団長

［サイヴァ］

常若の国へと誘う。

［ニアヴ］

常若の国の王女

300年が経過

エリンへの帰還を希望する。

［オシーン］

フィアナ騎士団の騎士。

決して馬から降りて地に足をつけることがないように。

［エビヒル］

［オスカル］

アイルランドの上王ケアブリとの戦いで戦死する。

オシーンは巨石を動かそうとして　いる2人の男性を避けようとして失敗し落馬してしまう。

その後のオシーン

『常若の国のオシーン』

フィアナ騎士団の業績を伝える詩人となる。

300歳を超える老人となり、やがて死んだ。

『長老たちの語らい』

［聖パトリック］

アイルランドにキリスト教をもたらした聖パトリックの道案内を担当し、騎士団の栄光を語り伝えた。

アーサー王伝説

円卓の騎士とともにブリテン島を守った王には、悲劇的な最期が待っていました

『アーサー王物語』のことは一度くらい聞いたことがあるだろう。その主役が私である。実はケルト神話などを集成した『マビノギオン』に登場して以降、よく知られるようになったのだ。忠勇なる円卓の騎士たちを率いた私の最期は、物語のクライマックスのひとつであり、現代にも影響を与えているという。

アーサー王

ケルト神話最大の英雄とされるのが、ブリテン島のアーサー王。長きにわたり語り伝えられてきたため、様々な物語が伝わります。

『マビノギオン』にアーサー王の最も古い物語があり、ここでは「オルウェンとしか結婚できない」という呪いをかけられた従兄弟《いとこ》のキルッフに協力。多くの部下を失いながらも目的を果たす立派な王として描かれています。

こうしたアーサー王にまつわる物語のなかでも、15世紀にトーマス・マロリーがまとめた『アーサー王の死』が有名です。

アーサー王は「引き抜いた者が王になる」という台座に刺さった剣を見事に抜いてブリテン島の王となりました。さらに湖の乙女から聖剣エクスカリバーを授かり、高潔な王として君臨します。また、円卓の騎士を集め、彼らとともに巨人退治や遠征にも出かけました。円卓の騎士は、キリストが最後に使った杯を探す聖杯探しの冒険の旅に出たことでも知られています。

不義の子に騙されて国を乗っ取られたアーサー王

しかしアーサー王は、晩年、異父姉との間に生まれた不義の子モルドレッドの奸計《かんけい》にはまります。モルドレッドから王妃と騎士ランスロットの不倫を密告された王は、ランスロット討伐にフランスへ出陣しますが、その間にモルドレッドに国を乗っ取られてしまうのです。

アーサー王は引き返し、モルドレッドと激しい戦いを繰り広げた末に一騎打ちを行ないます。アーサー王はモルドレッドの体を槍で貫くも、自身も致命傷を負いました。その後、アーサー王はアヴァロン島へと渡り、長い眠りについたとされています。

アーサー王を取り巻く相関図

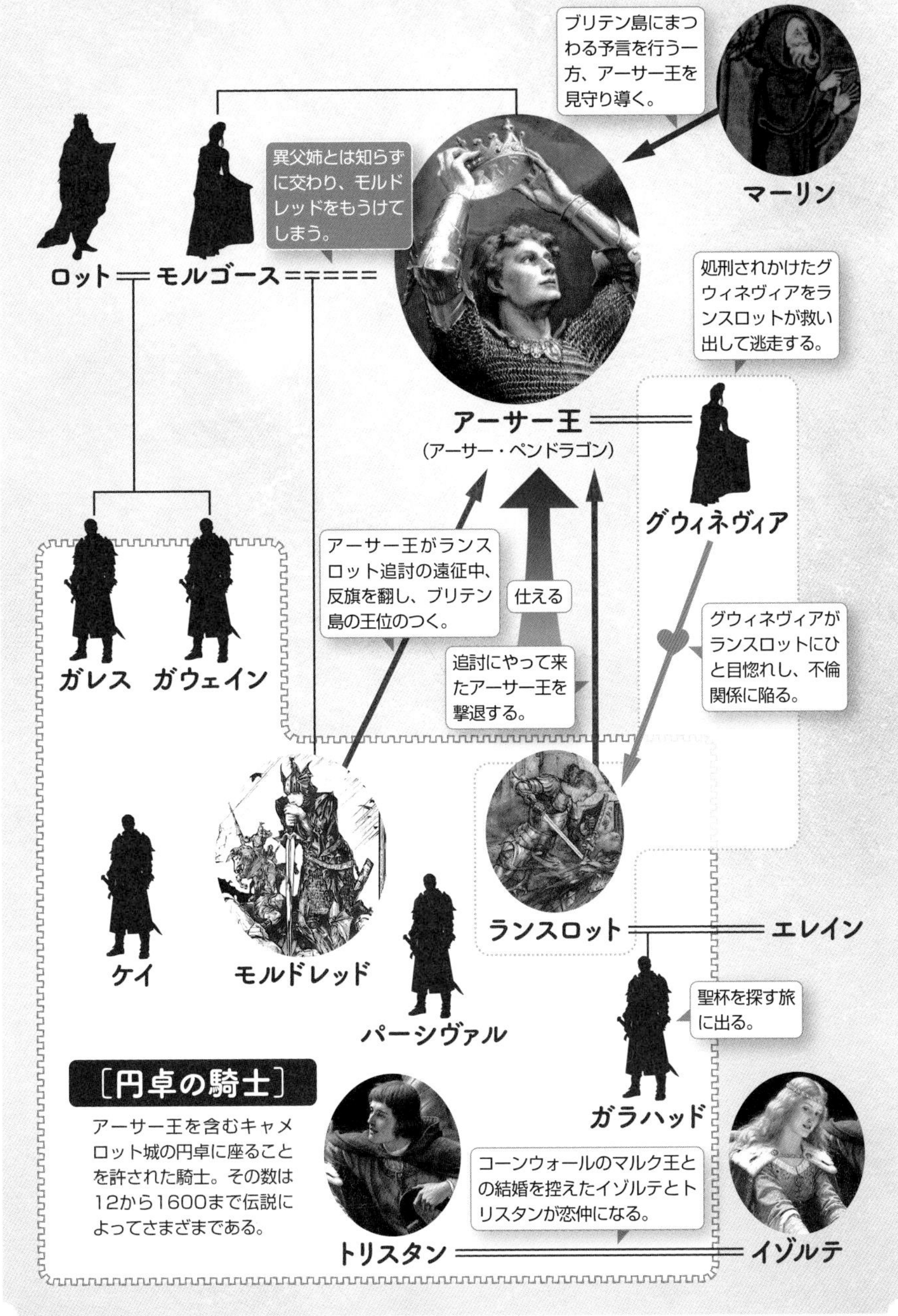
ブリテン島にまつわる予言を行う一方、アーサー王を見守り導く。
マーリン
異父姉とは知らずに交わり、モルドレッドをもうけてしまう。
ロット
モルゴース
アーサー王
(アーサー・ペンドラゴン)
処刑されかけたグウィネヴィアをランスロットが救い出して逃走する。
グウィネヴィア
ガレス
ガウェイン
アーサー王がランスロット追討の遠征中、反旗を翻し、ブリテン島の王位のつく。
仕える
追討にやって来たアーサー王を撃退する。
グウィネヴィアがランスロットにひと目惚れし、不倫関係に陥る。
ケイ
モルドレッド
パーシヴァル
ランスロット
エレイン
聖杯を探す旅に出る。
ガラハッド
[円卓の騎士]
アーサー王を含むキャメロット城の円卓に座ることを許された騎士。その数は12から1600まで伝説によってさまざまである。
コーンウォールのマルク王との結婚を控えたイゾルテとトリスタンが恋仲になる。
トリスタン
イゾルテ

Column

ケルトの神々

妖精へと姿を変えたトゥアタ・デー・ダナンの系譜

トゥアタ・デー・ダナンとは女神ダナの一族を意味し、ダグダ、ヌァドゥ、ディアン・ケフトといった神々を主軸とし、その子供たちによって壮大な系譜を形成していました。また、フォウォレを破ったのちも、共存していたようで、フォウォレとの混血の神が２代目、３代目の王となっています。

しかし、トゥアタ・デー・ダナンの覇権も長くは続かず、スキタイからスペインへと流浪してきたとされるミレー(ミール)の一族(ミレシア)の侵攻を受け、敗北を喫してしまいます。

結果、エリンはミレシアのものとなり、彼らがケルト人の祖となりました。一方、敗れたトゥアタ・デー・ダナンは小麦や牛乳を奪い取るなどの抵抗の末、超自然的な力を持つ妖精に姿を変え、地下世界に去ったとされています。アイルランドでは妖精たちがたびたび姿を現すとされ、こうした妖精たちを「丘の人々」を意味する「シー」と呼んでいます。

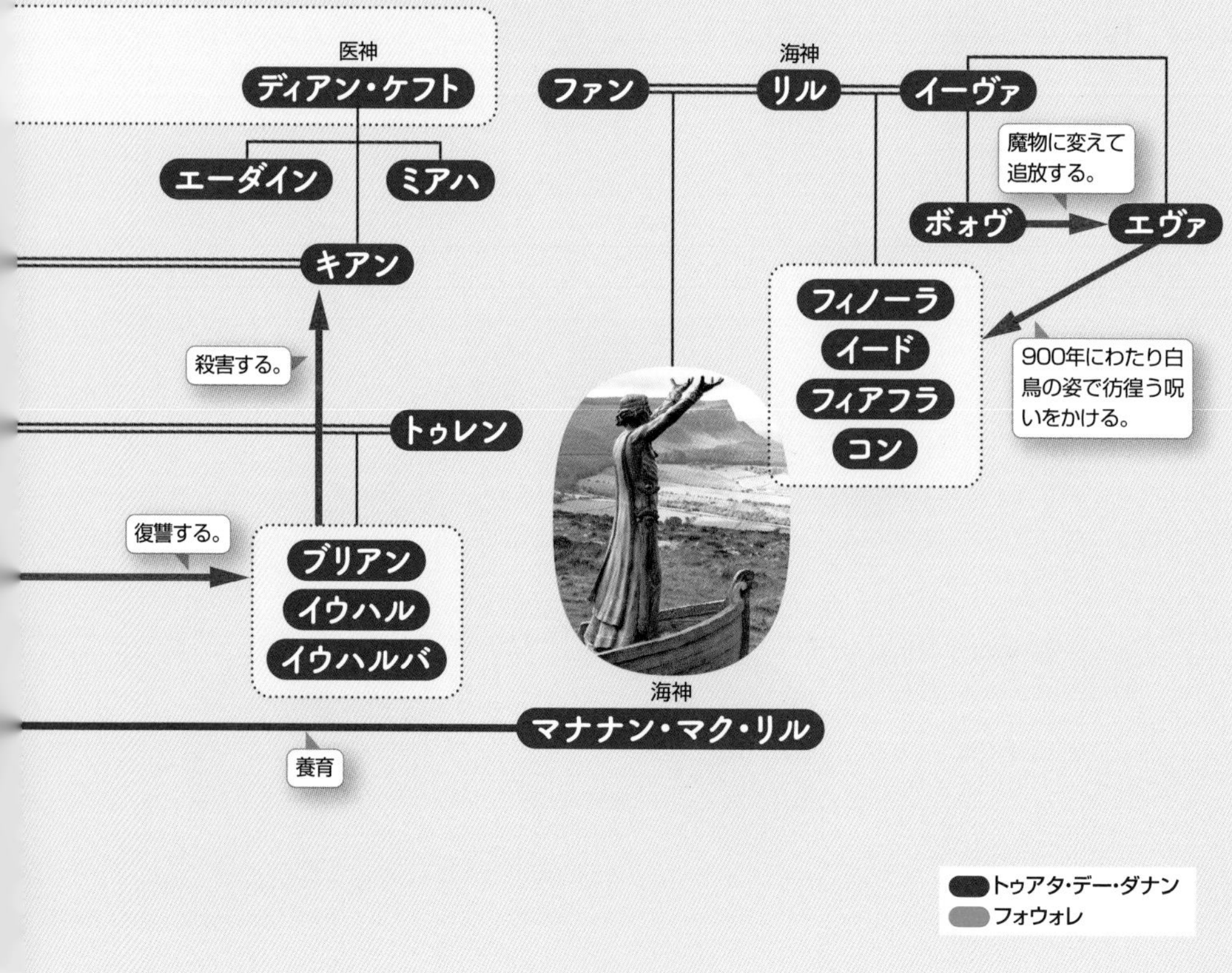

医神
ディアン・ケフト
エーダイン
ミアハ
キアン
殺害する。
トゥレン
復讐する。
ブリアン
イウハル
イウハルバ
海神
マナナン・マク・リル
養育
ファン
海神
リル
イーヴァ
魔物に変えて追放する。
ボォヴ
エヴァ
フィノーラ
イード
フィアフラ
コン
900年にわたり白鳥の姿で彷徨う呪いをかける。
トゥアタ・デー・ダナン
フォウォレ

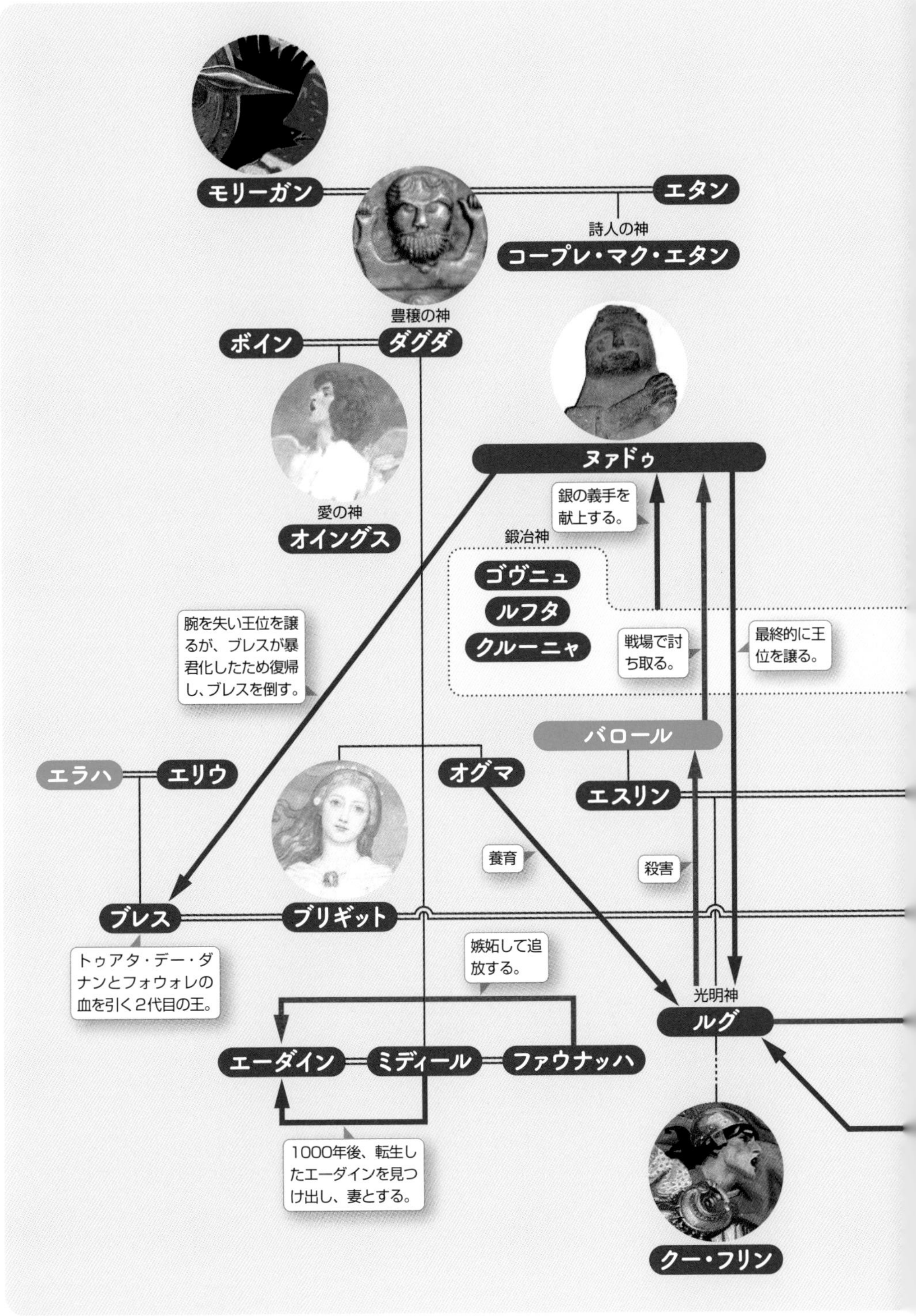
モリーガン
エタン
詩人の神
コープレ・マク・エタン
豊穣の神
ボイン
ダグダ
愛の神
オイングス
ヌァドゥ
銀の義手を献上する。
鍛冶神
ゴヴニュ
ルフタ
クルーニャ
腕を失い王位を譲るが、ブレスが暴君化したため復帰し、ブレスを倒す。
戦場で討ち取る。
最終的に王位を譲る。
バロール
エラハ
エリウ
オグマ
エスリン
養育
殺害
ブレス
ブリギット
トゥアタ・デー・ダナンとフォウォレの血を引く2代目の王。
嫉妬して追放する。
光明神
ルグ
エーダイン
ミディール
ファウナッハ
1000年後、転生したエーダインを見つけ出し、妻とする。
クー・フリン

第4章

オリエント神話

Oriental Mythology

文明発祥を担った人々が語り継ぐ、
都市の守護神たちの物語を
7つの名場面からつかむ！

本章を読む前につかんでおきたい

オリエント神話のあらすじ

「オリエント」とは「太陽の昇るところ」を意味し、現在のイランから西アジア、エジプトを含む地域を指します。この地域では、メソポタミアとエジプトの神話大系が知られます。

メソポタミア神話は、ティグリス川とユーフラテス川に挟まれたメソポタミア地域において、文明の最初の担い手となったシュメール人が、楔形《くさびがた》文字で記した神話群です。

メソポタミアでは支配者が次々と変わったため、シュメール神話と諸民族の神話が融合し、多彩な物語が生み出されました。そして死は避けられないという現実的な考えを主軸に語られているのも特徴です。

創世神話は叙事詩『エヌマ・エリシュ』に語られるもの。神マルドゥクが万物の母ティアマトを倒し、この体から万物を生み出して世界を創造し、最高神となる物語です。また、このほか有名なのが、「女神イナンナの冥界下り」。女神イナンナが冥界に降りて一度死んでしまう物語です。メソポタミア地域では都市ごとに守護神を祀《まつ》っており、多様な物語が生まれています。

一方、ナイル川流域で生まれたエジプト文明でも、神話世界が形成されました。ただし、王朝ごとに信仰が変わったため、主要な創世神話が４つそのまま伝わっています。

もうひとつエジプト神話で有名なのが、生と死を語るオシリス神話です。地上の王となったオシリスが殺害され、死者を裁く冥界の王となる物語は、古代エジプト人の死生観に大きな影響を与えました。

の流れ

文明発祥の地に生まれた
世界最古の神話群を追う

メソポタミア神話

エヌマ・エリシュ

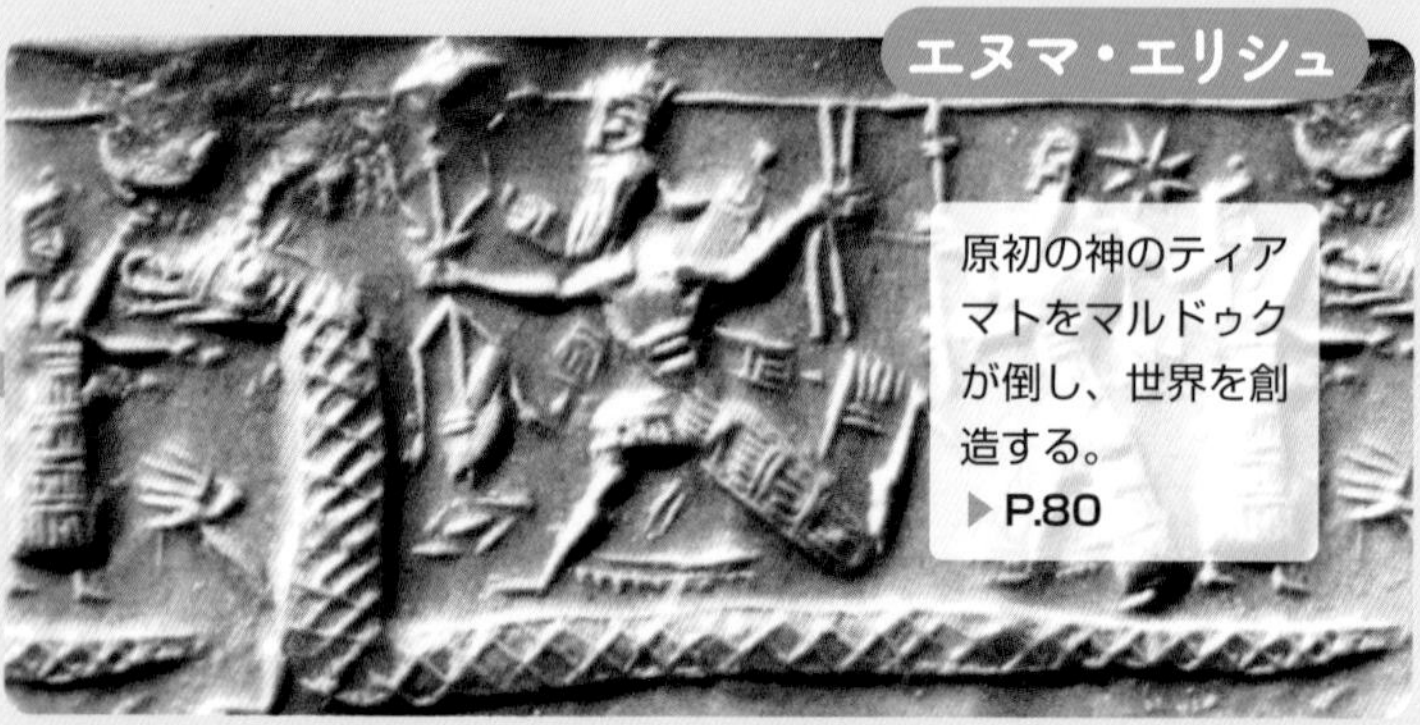

原初の神のティアマトをマルドゥクが倒し、世界を創造する。

▶P.80

エジプト神話

エジプトの創世神話

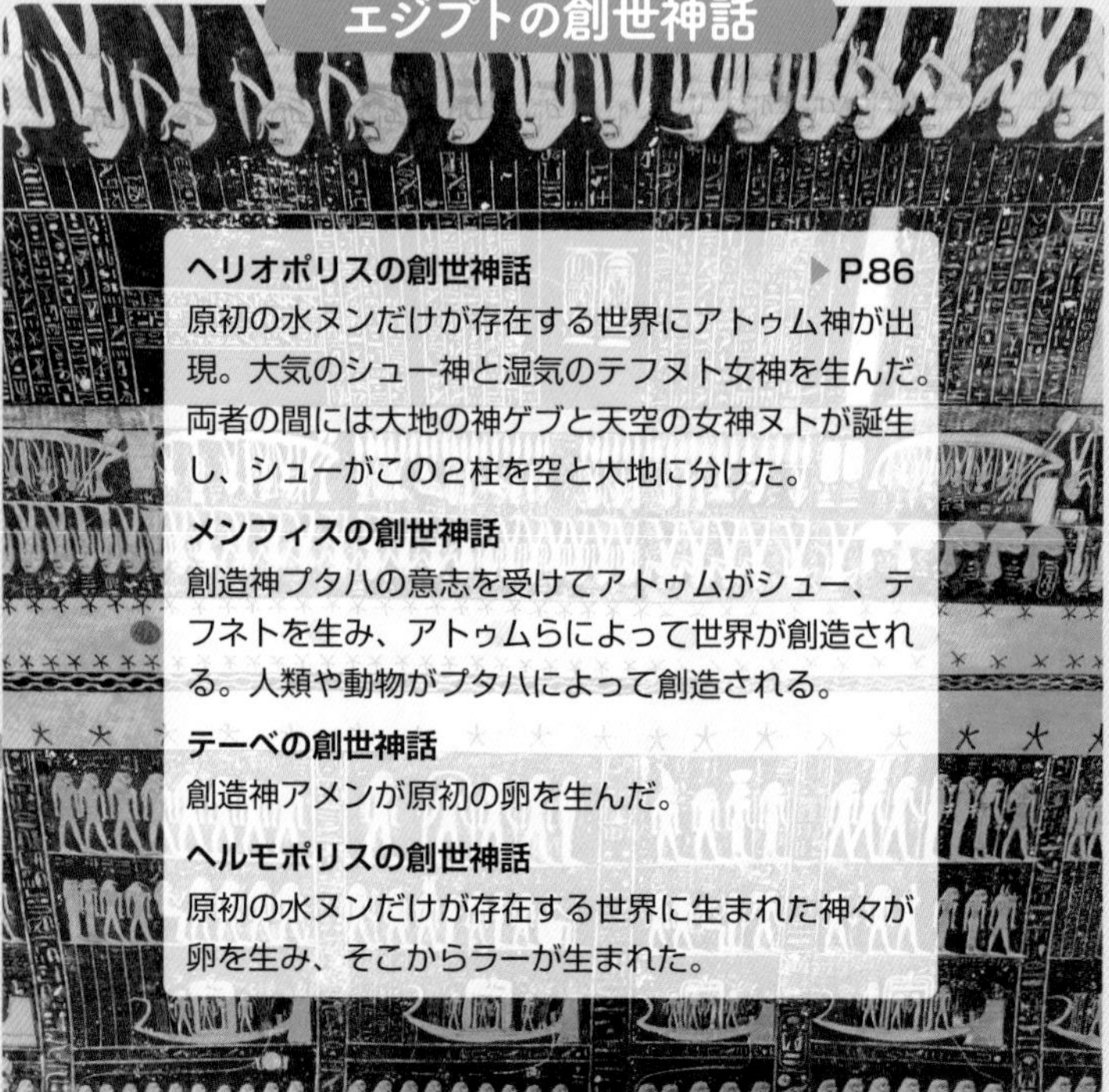

ヘリオポリスの創世神話 ▶P.86

原初の水ヌンだけが存在する世界にアトゥム神が出現。大気のシュー神と湿気のテフヌト女神を生んだ。両者の間には大地の神ゲブと天空の女神ヌトが誕生し、シューがこの2柱を空と大地に分けた。

メンフィスの創世神話

創造神プタハの意志を受けてアトゥムがシュー、テフネトを生み、アトゥムらによって世界が創造される。人類や動物がプタハによって創造される。

テーベの創世神話

創造神アメンが原初の卵を生んだ。

ヘルモポリスの創世神話

原初の水ヌンだけが存在する世界に生まれた神々が卵を生み、そこからラーが生まれた。

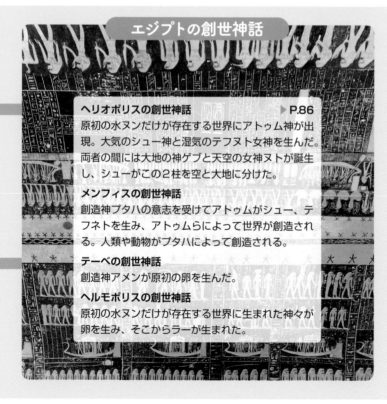

あらすじマップでわかる！

オリエント神話

バステトの誕生

ラーが人間への制裁として生み出した破壊の神セクメトから、女神バステトが誕生する。

▶ P.94

イナンナの冥界下り

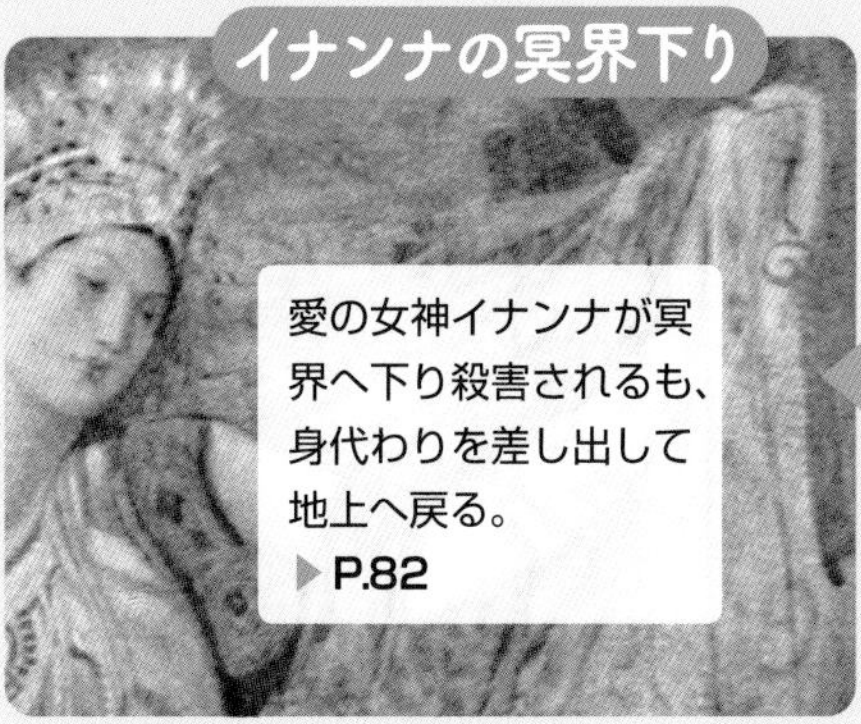

愛の女神イナンナが冥界へ下り殺害されるも、身代わりを差し出して地上へ戻る。

▶ P.82

ラーの神話

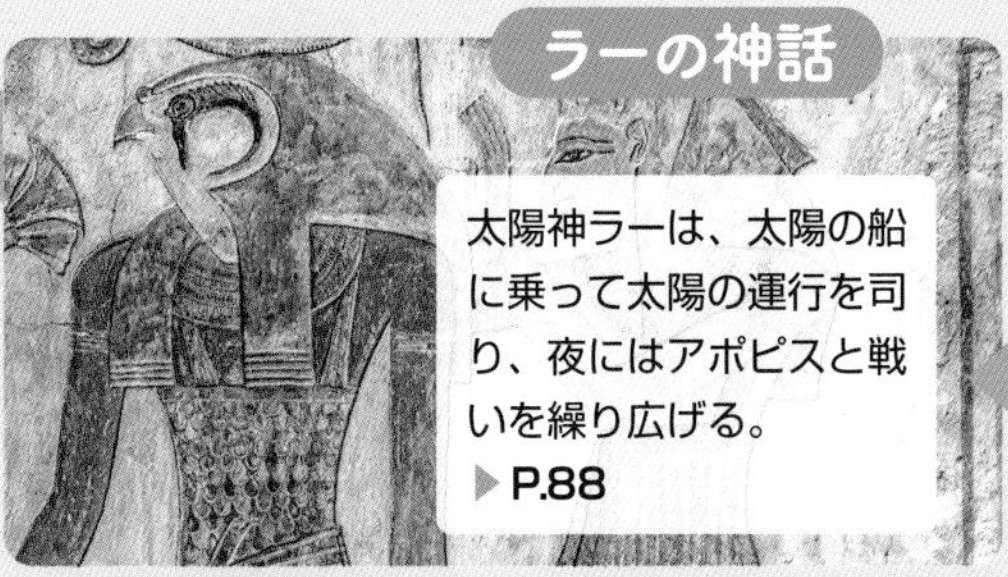

太陽神ラーは、太陽の船に乗って太陽の運行を司り、夜にはアポピスと戦いを繰り広げる。

▶ P.88

ホルスの勝利

地上の王オシリスの地位継承を巡りホルスとセトの間で争いが起こり、ホルスが勝者となる。

▶ P.92

オシリス神話

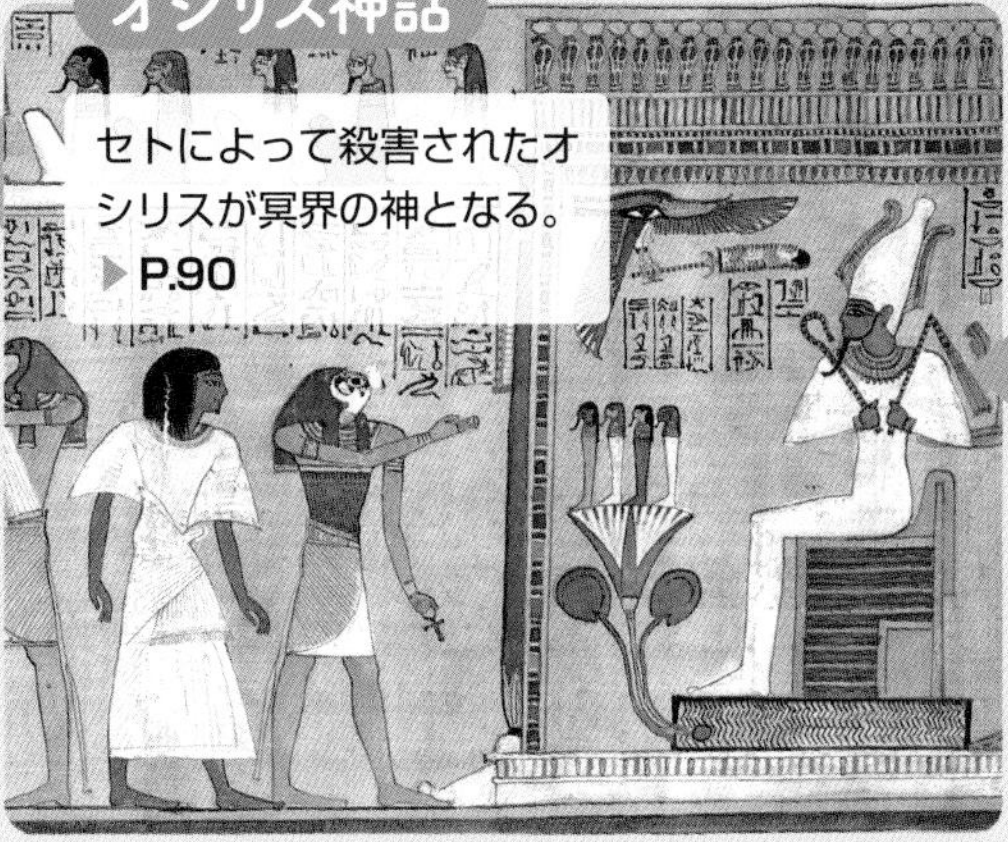

セトによって殺害されたオシリスが冥界の神となる。

▶ P.90

エヌマ・エリシュ

原初の神を倒し、神々の頂点に立ったのはバビロンの主神マルドゥクでした

オリエント神話は、原始の神である私ティアマトの夫アプスーが、アヌ、エアら若い神々に殺されたことから始まります。息子のキングとともに復讐を決意した私は、若い世代の神々を圧倒しましたが、そこに現れ、形勢を逆転したのが、マルドゥクという4つの目を持つ神でした。

ティアマト

メソポタミアの創世神話は叙事詩『エヌマ・エリシュ』に語られています。

まだ混沌とした状態の世界にいたのは、淡水の神アプスーと、その妻で海水の神ティアマト。ひ孫に天空神アヌ、その子にエアがいました。

この若い世代の神々が騒がしいため、アプスーが彼らを滅ぼそうとしますが、それを知ったエアは先回りしてアプスーを殺してしまいます。それまでは若い神々をかばっていたティアマトもこの仕打ちに激怒して怪物を次々生み出し、息子のキングに王権のシンボルである「天命の書板《タブレット》」を譲り、指揮官の座に据えます。そして怪物らを率いて若い神々を攻撃しました。

このキングの軍団を前にしたエアらは恐れをなし、戦意を喪失してしまいます。

そこでキングたちを迎え撃ったのが、エアの子で4つの目と耳を持つマルドゥクでした。マルドゥクは、ティアマトを風で攻撃したうえで矢を放ち、心臓を射抜いて倒すと、キングを捕らえ、天命の書板を取り上げたのでした。

切り裂いたティアマトの体から天と地、川が生まれた

マルドゥクはティアマトの死体をふたつに切り裂き、天と地、さらにティグリス川とユーフラテス川を生み出しました。また川のほとりにバビロンの町を造り、キングの血で神々のために働く人間も創造ります。こうして世界を創造したマルドゥクが、最高神として崇《あが》められるようになったのです。

「目には目を、歯には歯を」の復讐法で有名な『ハンムラビ法典』では、メソポタミアを統一したハンムラビ王の王権が、最高神マルドゥクに由来すると記されています。

『エヌマ・エリシュ』の相関図

原初の淡水神アプスーがエアによって殺害されると、これに配偶神のティアマトが怒り神々を攻撃。しかし、マルドゥクによって倒され、世界が創造された。

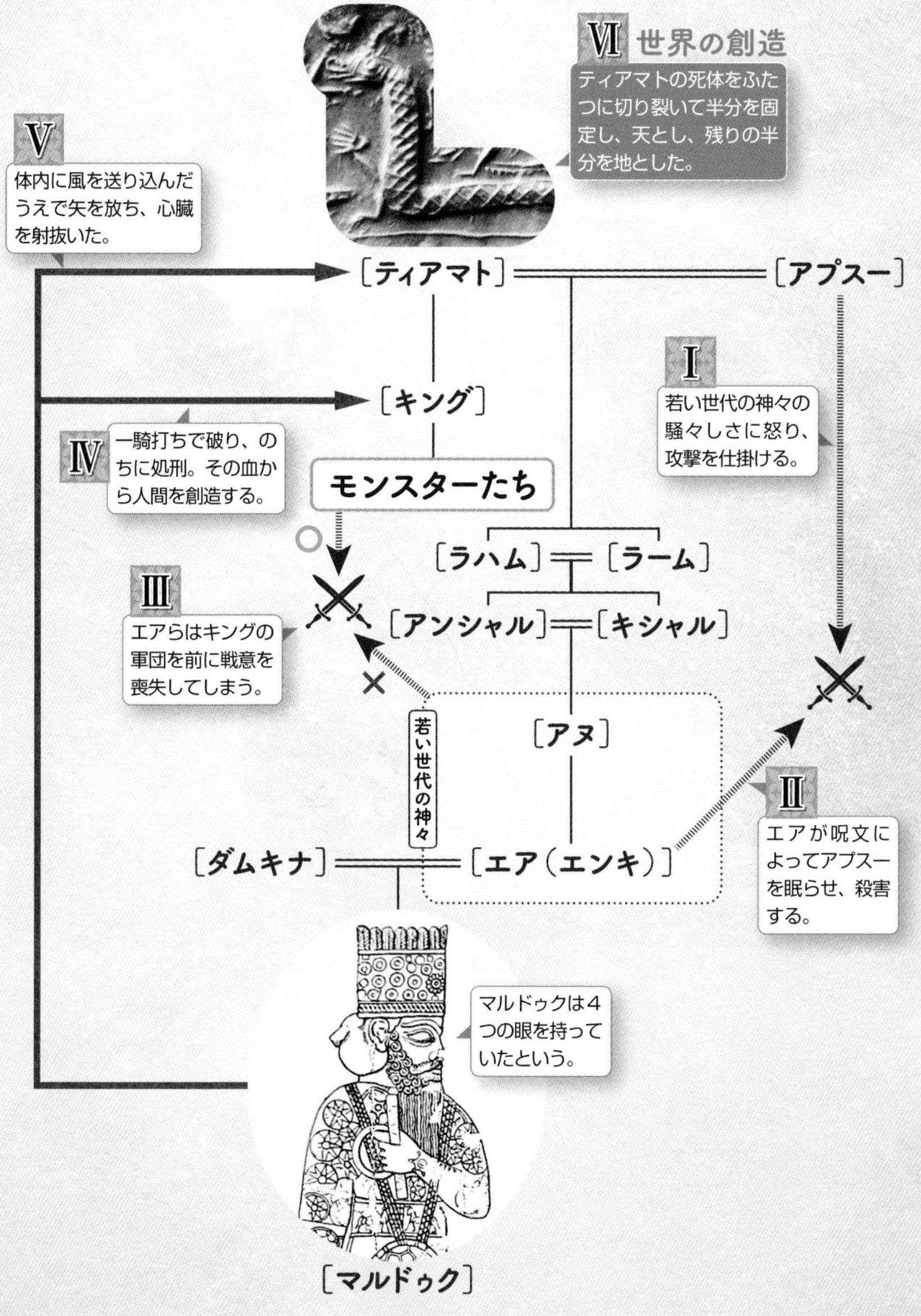

Ⅵ 世界の創造
ティアマトの死体をふたつに切り裂いて半分を固定し、天とし、残りの半分を地とした。
Ⅴ
体内に風を送り込んだうえで矢を放ち、心臓を射抜いた。
〔ティアマト〕
〔アプスー〕
Ⅰ
若い世代の神々の騒々しさに怒り、攻撃を仕掛ける。
〔キング〕
Ⅳ
一騎打ちで破り、のちに処刑。その血から人間を創造する。
モンスターたち
〔ラハム〕
〔ラーム〕
Ⅲ
エアらはキングの軍団を前に戦意を喪失してしまう。
〔アンシャル〕
〔キシャル〕
若い世代の神々
〔アヌ〕
Ⅱ
エアが呪文によってアプスーを眠らせ、殺害する。
〔ダムキナ〕
〔エア（エンキ）〕
マルドゥクは4つの眼を持っていたという。
〔マルドゥク〕

イナンナの冥界下り

オリエントで最も愛された女神は、冥界に下り一度は死を迎えていました

メソポタミアで一番人気の女神と言えば、愛の女神私イナンナです。結婚やメ（神力）の争奪戦のエピソードなどたくさんのお話が伝えられたそうだけど、やっぱり冥界下りの神話が最も有名なの。この神話を知れば、私がどんなに偉大な存在か、よくわかると思うわ。

イナンナ

イナンナ（イシュタル）はオリエントで最も高い人気を誇った女神です。シュメール神話に登場する性愛の女神で、メソポタミアでは愛と豊穣《ほうじょう》の女神として崇められました。

そんな彼女の神話として有名なのが「冥界下り」です。ある時、イナンナは双子の姉で冥界の女王であるエレシュキガルに会いに行くため地下にある冥界へと向かいます。

途中には7つの関門があり、イナンナはその門番たちに王冠、イヤリング、ネックレス、ブローチ、腰帯、など神の力（シュメール語の「メ」）が宿ったものを次々とはぎ取られ、裸に近いあられもない状態で姉のもとにたどりつきました。

ところがその姿を見たエレシュキガルは怒ってイナンナを殺します。またはエレシュキガルを取り戻しに来たと考えた冥界の悪魔が、イナンナを殺したともいいます。

神々に愛されていたイナンナの冥界からの華麗なる復活劇

愛の女神がいなくなったため地上世界では愛が消え生殖が止まってしまいます。そこでエンキ（エア）神が人を作り、不死の水を持たせて冥界へ送り、イナンナを生き返らせます。

地上に戻る条件として、代わりの神をよこすことをエレシュキガルから命じられたイナンナは、イナンナが苦難に遭っている最中、浮気していた夫ドゥムジを身代わりとして冥界に送り込み、無事地上に復活したのでした。

古代シュメールでは彼女の祭祀《さいし》が各都市で盛んに行なわれ、ヒッタイトでは戦いの女神イシュタルとして信仰されます。さらにイナンナはヨーロッパに渡って、ギリシャ神話の美と愛の女神アプロディテとなりました。

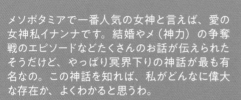

イナンナの神話群

バビロニアで信仰された愛と豊穣の女神イナンナの神話のなかでも、とくに冥界下りの神話が有名である。

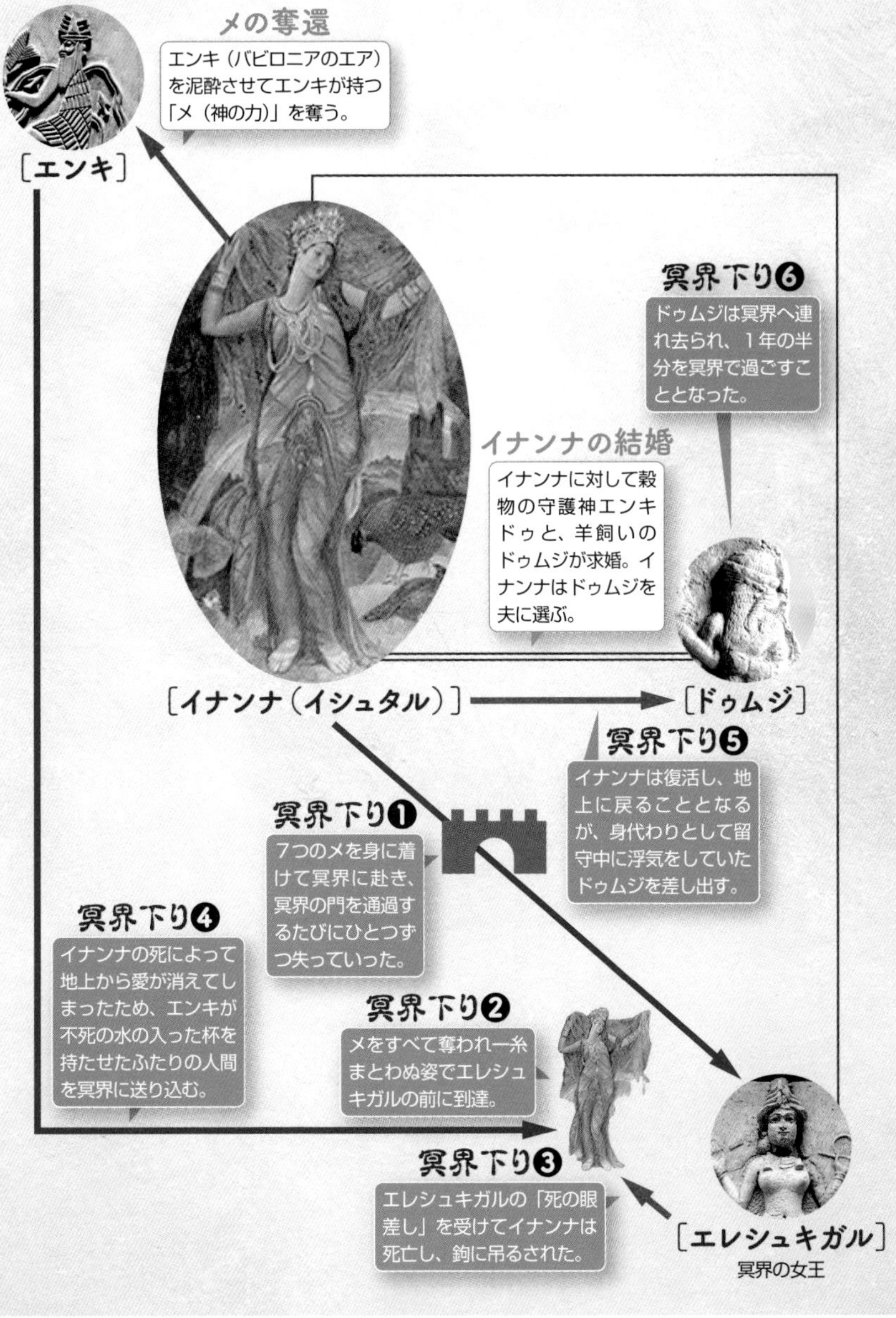
メの奪還
エンキ（バビロニアのエア）を泥酔させてエンキが持つ「メ（神の力）」を奪う。
［エンキ］
冥界下り❻
ドゥムジは冥界へ連れ去られ、1年の半分を冥界で過ごすこととなった。
イナンナの結婚
イナンナに対して穀物の守護神エンキドゥと、羊飼いのドゥムジが求婚。イナンナはドゥムジを夫に選ぶ。
［イナンナ（イシュタル）］
［ドゥムジ］
冥界下り❺
イナンナは復活し、地上に戻ることとなるが、身代わりとして留守中に浮気をしていたドゥムジを差し出す。
冥界下り❶
7つのメを身に着けて冥界に赴き、冥界の門を通過するたびにひとつずつ失っていった。
冥界下り❹
イナンナの死によって地上から愛が消えてしまったため、エンキが不死の水の入った杯を持たせたふたりの人間を冥界に送り込む。
冥界下り❷
メをすべて奪われ一糸まとわぬ姿でエレシュキガルの前に到達。
冥界下り❸
エレシュキガルの「死の眼差し」を受けてイナンナは死亡し、鉤に吊るされた。
［エレシュキガル］
冥界の女王

ギルガメシュ叙事詩

ウルク王のギルガメシュは、残忍な王だったが、神々から送り込まれたエンキドゥと親しくなり改心する。しかし、エンキドゥが神々の罰を受けて死んだことから、ギルガメシュは不死を求めて旅をする。冥界に行って永遠の若さを得られる草を入手したものの、蛇に盗まれたため、ギルガメシュは自分の死を運命として受け入れたという。

ザッハーク

砂漠の王マルダースの子ザッハークは、悪魔の誘いに乗り、父を殺して王位に就いた。さらに悪魔に肩に口づけされたため両肩から黒い蛇が生える化け物となった。蛇を殺したければ人間の脳を餌にすればよいと悪魔にそそのかされたザッハークは、ペルシアに侵入。毎夜ふたりの若者を蛇の餌に与える暴君となった。

ペルシャ

ペルシャ湾

Column

オリエント諸都市の神話

オリエントの諸都市には、興亡の歴史を反映した神々の闘争の物語が伝わっていました

オリエントの神話群は旧約聖書に影響を与えたり、同地方の歴史と深く関わったりしているのが特徴です。

聖書ではノアの箱舟伝説が有名ですが、これはギルガメシュ叙事詩の洪水伝説を刻んだ粘土板が発見されたことで、その影響を受けていたことが明らかになりました。そのほかウガリト神話のバアル神は、聖書ではイスラエルの民を惑わす異教の神の代表として嫌われる存在となりました。

また、ヒッタイトのクマルビ神話はオリエント国家の覇権争いの歴史を投影したものとされています。

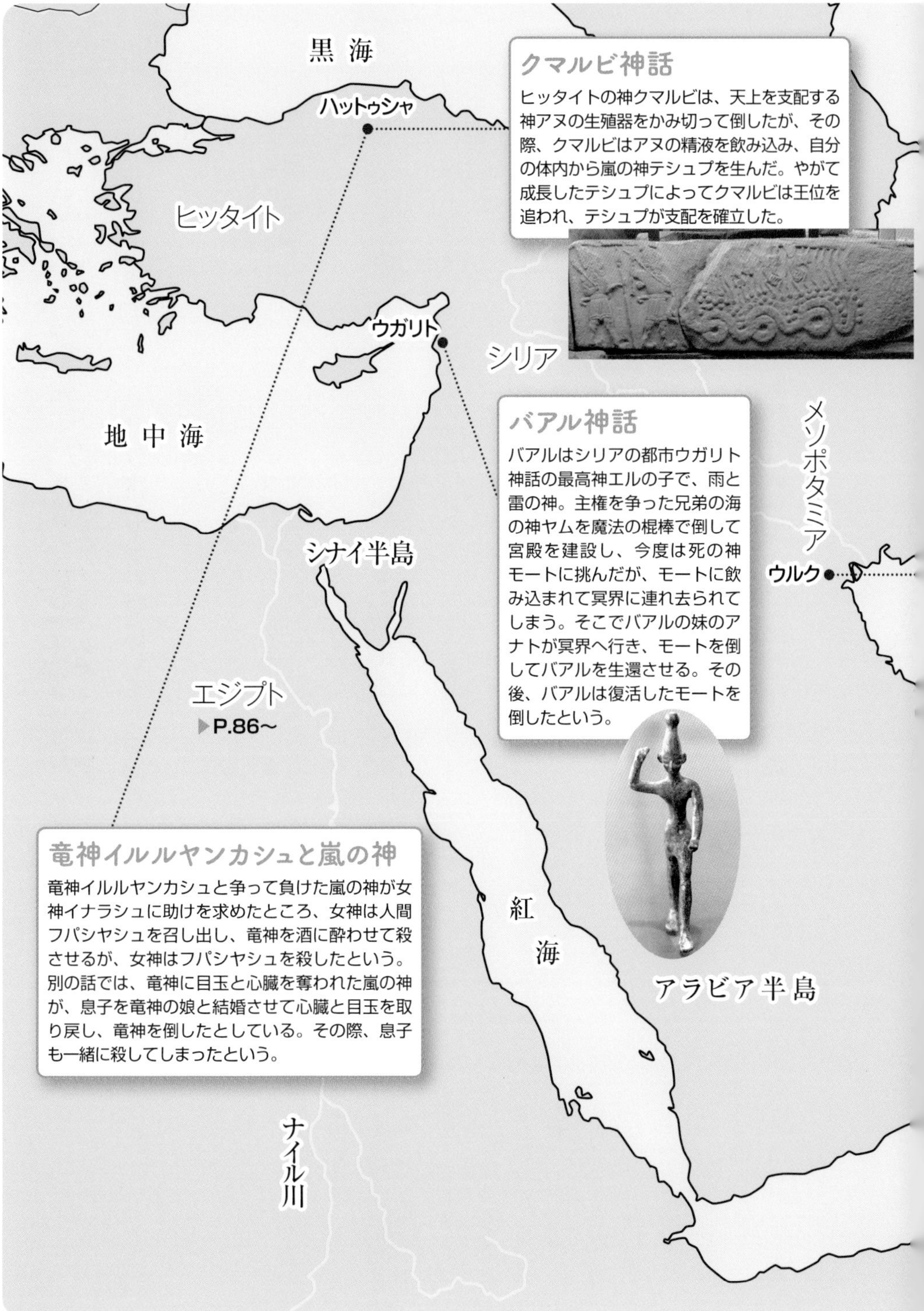
黒 海
ハットゥシャ
ヒッタイト
ウガリト
シリア
地 中 海
メソポタミア
ウルク
シナイ半島
エジプト
▶P.86～
紅 海
アラビア半島
ナイル川

クマルビ神話

ヒッタイトの神クマルビは、天上を支配する神アヌの生殖器をかみ切って倒したが、その際、クマルビはアヌの精液を飲み込み、自分の体内から嵐の神テシュプを生んだ。やがて成長したテシュプによってクマルビは王位を追われ、テシュプが支配を確立した。

バアル神話

バアルはシリアの都市ウガリト神話の最高神エルの子で、雨と雷の神。主権を争った兄弟の海の神ヤムを魔法の棍棒で倒して宮殿を建設し、今度は死の神モートに挑んだが、モートに飲み込まれて冥界に連れ去られてしまう。そこでバアルの妹のアナトが冥界へ行き、モートを倒してバアルを生還させる。その後、バアルは復活したモートを倒したという。

竜神イルルヤンカシュと嵐の神

竜神イルルヤンカシュと争って負けた嵐の神が女神イナラシュに助けを求めたところ、女神は人間フパシヤシュを召し出し、竜神を酒に酔わせて殺させるが、女神はフパシヤシュを殺したという。別の話では、竜神に目玉と心臓を奪われた嵐の神が、息子を竜神の娘と結婚させて心臓と目玉を取り戻し、竜神を倒したとしている。その際、息子も一緒に殺してしまったという。

エジプトの創世神話

長い歴史の中で首都が変わるたびにいくつもの創世神話が生まれました

ラー

エジプトの創世神話はいくつもの神話が伝わっているのが特徴じゃ。ヘリオポリス、ヘルモポリス、メンフィス、そしてテーベの４都市で生まれた神話がとくにはっきりとした形で残っておる。世界がいかにして生まれたのか、エジプトならではの独創性を見てみよう。

エジプト神話には宗教の中心地や都市別に無数の創世神話が伝わっており、それらが体系化されることなく語られてきました。

なかでも有名なのが、ヘリオポリス、ヘルモポリス、メンフィス、テーベの４都市の神話です。

これらの神話は混沌とした世界に秩序が生まれ、そこから世界が創造されていくという大枠は共通していますが、主神や創造神が違い、独自の物語を語っています。

このように物語が分かれているのは、神話が王族のためのもので、王朝が倒れれば信仰していた宗教センターとともに廃され、新しい王朝の神話が生まれたからです。

エジプト文明のおおらかな性格もあり、ほかの神話を吸収、排除せず代々の神話が残されました。

最古の神話はヘリオポリスで最高神はアトゥム・ラー

では４つの神話を見てみましょう。

最古の神話とされるのが下エジプトのヘリオポリス神話です。世界を創造したアトゥム神は、太陽神ラーと習合し、アトゥム・ラー神として信仰されました。アトゥム（ラー）から生まれたアトゥムを含む４世代の９柱の神が、エジプト神話では重要視されています。

これに対抗する形で古王国時代にメンフィス神話が生まれます。アトゥムに先立つ創造神として、知恵を司るプタハ神を主神と位置づけているのが特徴です。

新王国時代のテーベ神話は、アメン神を重視し、アメン神が原初の卵を生み出したとしています。

4つの創世神話と神々の系譜

地中海
アレクサンドリア
下エジプト
ヘリオポリス
原初の水ヌンだけが存在する世界にアトゥム神が出現。大気のシュー神と湿気のテフヌト女神を生んだ。両者の間には大地の神ゲブと天空の女神ヌトが誕生し、シュー神がこの2柱を空と大地に分けた。ヌトとゲブの間にはオシリス、イシス、セト、ネフティスが生まれ、この4神を加えた神がヘリオポリスの9柱神として崇拝される。
ギザ
ヘリオポリス
メンフィス
ヘルモポリス
世界は原初の水ヌンだけが存在した混沌とした世界だった。混沌は深淵や無限の暗闇、不可視性で成り立っており、それぞれ深淵を意味するヌンと妻ナウネト、無限を意味するヘフと妻ハウヘト、闇を意味するククと妻カウケト、不可視を意味するアメンと妻アマウネトの4組の男女神に神格化された。彼らは共同で卵を生み、そこからラーが生まれたとされる。
ナイル川
メンフィス（古王国時代）
ヘルモポリス神話を変形・発展させたものだが、神々の知恵を司るプタハが主神となっている。プタハはアトゥム神に先立つ創造神で、自分の意志をほかの神に行なわせた。アトゥムもヘリオポリスの神々もプタハの意志により誕生したと捉える。また人類や動物を創造したのもプタハとされる。
ヘルモポリス
アマルナ
上エジプト
紅海
テーベ（新王国時代）
メンフィスの神話とほぼ同じであるが、アメン神を創造神とする。アメンが原初の卵を生み出したとされる。
ルクソール（テーベ）

もっと知りたい！ エジプト神話

人類の創造

人類創造については、羊の頭を持つ神クヌムによる創造神話が語られます。陶工の神であるクヌムが陶器を作るロクロを使って最初の宇宙卵を作り、粘土をこねて様々な動物、続いて人間を創造します。彼の妻の神ヘケトがそれらに魂を吹き込み、生気をもつ人間が誕生しました。また、ヘリオポリス神話には、子供たちの帰りが遅いのを心配していたラーが、子供たちが帰った時に、喜んで流した涙から人間が生まれたという話もあります。

ラーの神話

太陽の運行を司るラーは、神々を率いて船に乗り、天空をめぐっています

エジプト神話の最高神と言えば、太陽神で万物の神ラー。ラー様から大気や湿気が生まれ、世界や人類も創造したのです。エジプト王であるファラオも、ラーの化身を名乗り、統治の正当性をほかの人間たちに示しています。晩年は耄碌しちゃいましたけど、僕もラー様と習合して権威を高めさせてもらいました。

ホルス

エジプトの創世神話のほとんどに登場し、もっとも偉大な神とされたのがハヤブサの頭を持つ太陽神ラーです。下エジプトを起源とする神とも、外国由来の神ともいわれますが、エジプトの神々の頂点に立ち、王権の象徴として崇められました。

神々がその権威を欲しがり、習合を求めた最高神ラー

ラーは、太陽の運行を司るといわれ、知恵の神トトや暴風神セトらとともに毎日、天空を駆ける船に乗って昼と夜の旅をします。

昼間は太陽の船に乗って東から西へと天体を旅し、日が沈んでいる夜は邪悪な蛇アポピスと闘いながら、地底の川を西から東へと旅をして天の女神ヌトのもとに帰り、翌日再び生まれ変わるといわれます。

これは日の出と日没のサイクルを表した神話とも考えられています。

ラー信仰はほかの神と盛んに習合したことでも注目すべき点です。エジプト統一後、ファラオは、王権の創造者で最初の王であったラーの子孫と称し、国家神であったホルスとラーを習合させたラー・ホルアクティを信仰しました。

しかし、第5王朝時代の信仰をピークに人気が下降し、その後アテンやアメンを信仰する王朝が続くと、ラーは主神の地位を失うようになります。耄碌《もうろく》してよだれを垂らした姿で神話に登場するなど老醜を晒《さら》してしまいます。これは新しい神に仕える神官たちがラーを貶《おとし》めたためです。

ただ偉大な神であるため、アテンやアメンを信仰する神官たちは、ラーと信仰する神を習合させることで、その権威を高めていきました。

ラーの習合と航海

太陽神ラーは、太陽の運行を司り、太陽の船に乗って天体を運行し、夜にはアポピスとの戦いを繰り広げるとされた。その権威は長きにわたり健在で、ホルスやアメンはラーと習合することでその権威を高めた。

ラーの習合

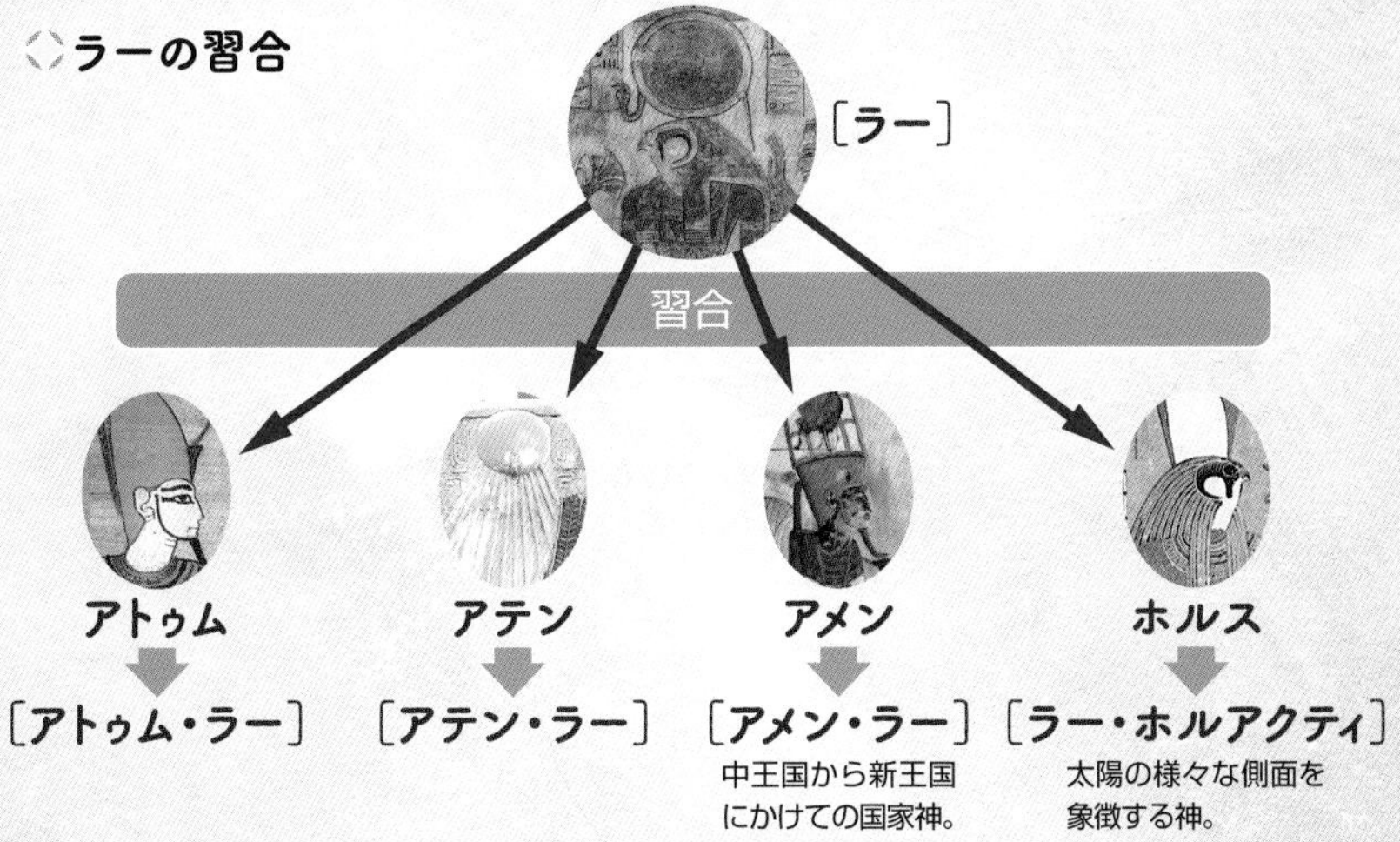

［ラー］
習合
アトゥム
［アトゥム・ラー］
アテン
［アテン・ラー］
アメン
［アメン・ラー］
中王国から新王国にかけての国家神。
ホルス
［ラー・ホルアクティ］
太陽の様々な側面を象徴する神。

ラーの航海

天空を公開するラーの船のイメージ。

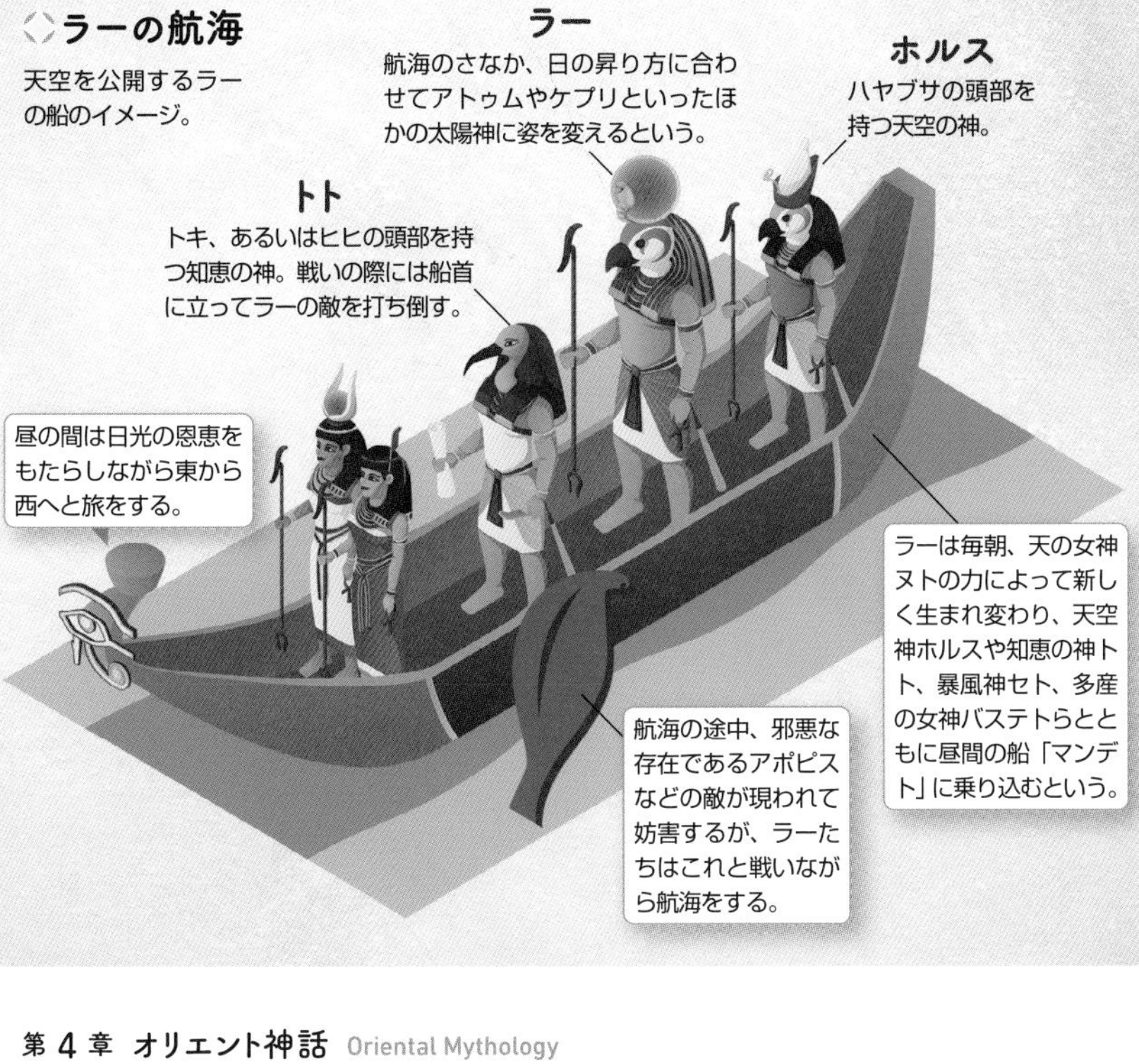

ラー
航海のさなか、日の昇り方に合わせてアトゥムやケプリといったほかの太陽神に姿を変えるという。
ホルス
ハヤブサの頭部を持つ天空の神。
トト
トキ、あるいはヒヒの頭部を持つ知恵の神。戦いの際には船首に立ってラーの敵を打ち倒す。
昼の間は日光の恩恵をもたらしながら東から西へと旅をする。
ラーは毎朝、天の女神ヌトの力によって新しく生まれ変わり、天空神ホルスや知恵の神トト、暴風神セト、多産の女神バステトらとともに昼間の船「マンデト」に乗り込むという。
航海の途中、邪悪な存在であるアポピスなどの敵が現われて妨害するが、ラーたちはこれと戦いながら航海をする。

オシリス神話

オシリスの死とイシスの冒険が、古代エジプトの死生観を定着させました

イシス

私の兄で夫のオシリスは、実はラーより古く由緒ある神で、エジプトの王として崇拝されていましたが、弟のセトに殺され、バラバラにされてしまいました。そこで私はエジプト中に散らばった体をつなぎ合わせて復活させたのです。
この神話からエジプトの人々は来世を信じるようになり、ミイラの習慣が生まれたそうです。

ラーより古くから信仰されていたとされるのが、両手に王家のシンボルである棹《さお》と錫杖《しゃくじょう》を持ち、ミイラの姿をしたオシリスです。

ナイル川中流に位置するアビドスで始まったオシリス信仰は、古代王朝を通じて隆盛の時代を迎えました。

神話によれば、オシリスはラーの子孫とされ、ラーに代わりエジプトの王となります。

しかし、これを妬《ねた》んだ弟のセトに騙《だま》されて棺《ひつぎ》のなかに閉じ込められ、ナイル川に流されてしまいます。

オシリスの妻イシスがこの棺を取り戻したと聞いたセトはこれを奪うと、今度はオシリスの体をバラバラにして各地にばらまきました。それでもイシスは、これを探し出しつなぎ合わせてミイラを作り、息を吹き込み、夫を復活させます。

死後の裁判を司る神となり、民衆の間にも広まったオシリス信仰

息子のホルスがセトを屈服させる（▼P.92）一方で、オシリスは冥界へと行き、死後の魂を裁く審判を司る神となりました。

エジプト神話における死後の裁判では、悪人の魂は怪物に食べられ消滅しますが、善人は来世に復活することが許され、永遠の命を約束されます。このため、復活した死者の魂が戻る場所として、遺体がミイラとして保存されるようになりました。

オシリス信仰は来世の魂を信じるエジプト人の救いとなり、死生観として浸透していきます。

こうして民衆の間にも広まったオシリス信仰は、王権の象徴である主神ラーの信仰をも取り込み、オシリス・ラー信仰となりました。

エジプトと冥界の王位を巡る神々の相関図

死後の裁判を司るオシリスは、当初エジプトの王位にあったが、セトの策略により殺害された。このセトを倒して王位に就いたのが、オシリスの子ホルスである。

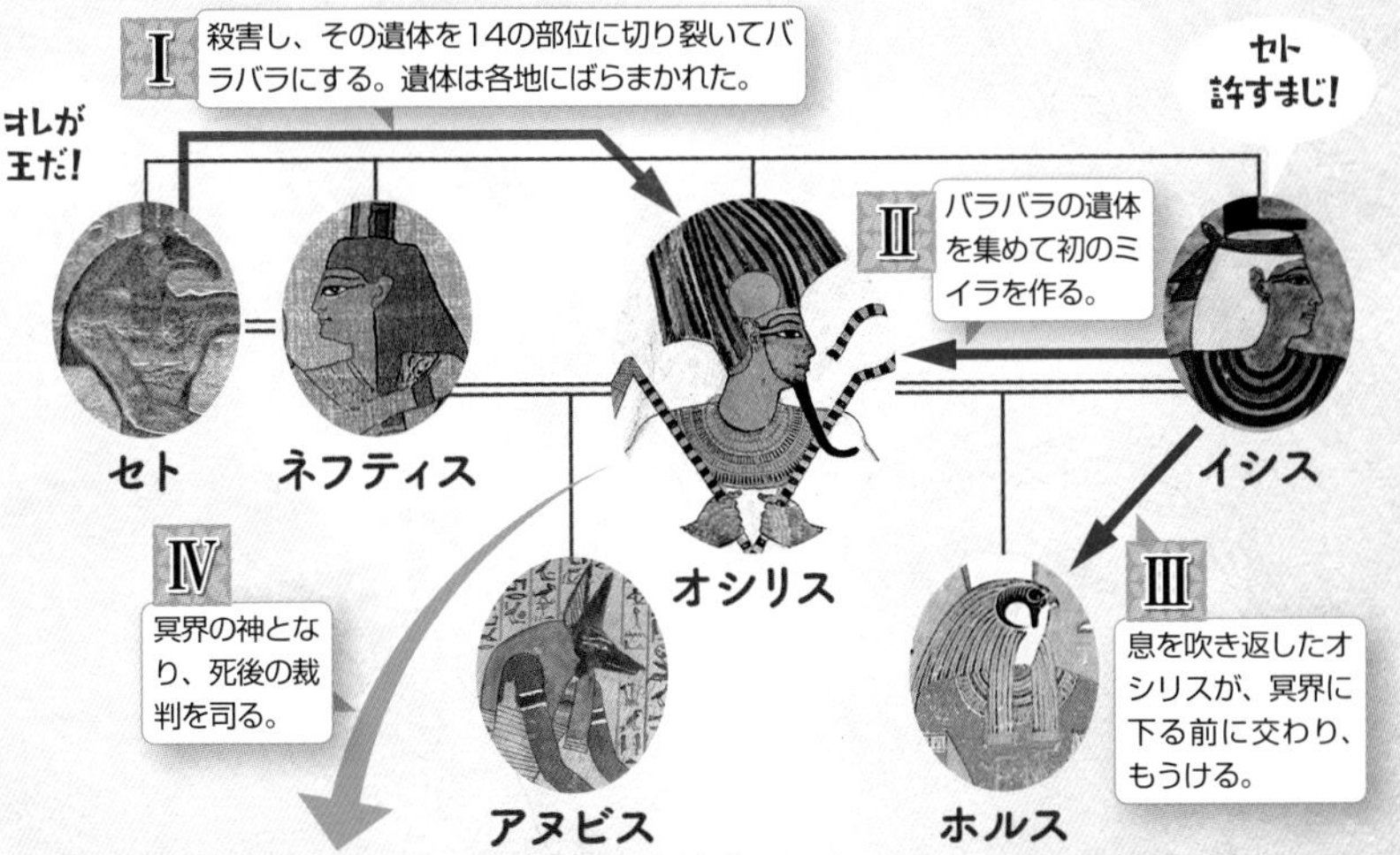
Ⅰ 殺害し、その遺体を14の部位に切り裂いてバラバラにする。遺体は各地にばらまかれた。
オレが王だ!
セト許すまじ!
Ⅱ バラバラの遺体を集めて初のミイラを作る。
セト
ネフティス
オシリス
イシス
Ⅳ 冥界の神となり、死後の裁判を司る。
Ⅲ 息を吹き返したオシリスが、冥界に下る前に交わり、もうける。
アヌビス
ホルス

死者
アヌビス
無事裁判を通過した死者。
トト
オシリス
死者の心臓
マァトの羽
死者の心臓とマァトの羽が釣り合わない場合、アメミトに心臓が食われ、二度と復活できなくなる。

『死者の書』に描かれた冥界の裁判。包帯にまかれた姿で右端に描かれるのが、オシリス。死者はその心臓をマァトの羽とともに天秤にかけられ、生前の行いを裁かれる。

もっと知りたい! エジプト神話

古代エジプトの来世の世界

エジプトにおいて、死後の裁判で死者が永遠の命を得て復活する楽園とされたのが、「アアルの野」でした。この楽園の場所については東方、デルタ、天空の近く、地下、砂漠の向こう側など時代によって異なります。アアルの野は水が豊かで、樹木や草木が生い茂っており、人々はここで生前と同じような環境で暮らせたとされています。

センネジェム墓に描かれた死後の世界の様子。

ホルスの勝利

ホルスは父の仇セトに勝利して地上の王となりました

オシリスが冥界へ行き、地上ではエジプト王位をめぐりオシリスの子ホルスとオシリスの弟セトが争ったのでございます。ホルスの母イシスも巻き込んで熾烈な戦いとなり、だまし合い、ばかし合いで知恵の神の私も振り回されっぱなしでした。いつ果てるともわからない戦いのなか、私はある秘策を提案したのです。

トト

オシリスが冥界に去って死者の王となってのちのこと。地上ではオシリスの子ホルスと、オシリスを殺害した張本人で、ホルスの叔父にあたるセトとの間で、オシリス後の王位を巡る争いが起こりました。

両者は王位の座を求め神々に訴え出ます。まずは神々の母であるネイトがホルスに軍配を上げましたが、セトは納得しません。

セトに多くの神が味方したため、ホルスの母イシスは息子が危ないと見て策略を用います。セトに「夫の死後の財産は息子のものになる」と答えさせ、ホルスがオシリスの後継者であると認めさせたのです。

セトに同情した母に怒り その首も切り落としたホルス

しかしセトはこれに納得せず、両者はカバに化けて水中で争います。

先に陸に上がった者が負けのため、ホルスの母イシスが息子を援護しようと釣り針でセトをひっかけますが、兄弟であるセトが苦しんでいるのを気の毒に思い針を外しました。

すると、これに激怒したホルスは怒りのあまり、母の首をはねてしまいます。

これには神々も黙っておらず、ホルスは視力を奪われる罰を受けています。

ホルスはハトホルの治療を受けて回復しますが、その後も両者のだまし合いは続き、最後は石船で争いました。

杉の木を漆喰《しっくい》で覆った偽の石船に乗ったホルスの船は沈まず、本物の石船に乗ったセトが沈み、ホルスの勝利となります。なおも争いを続けようとしたため、最終的にトトがオシリスの判断をあおぎ、ホルスが王となりました。

神々も迷うホルスVSセトの判定

ホルスとセトの戦いは果てることなく続き、最終的にはオシリスの判断をもってホルスがオシリスの後継者となった。

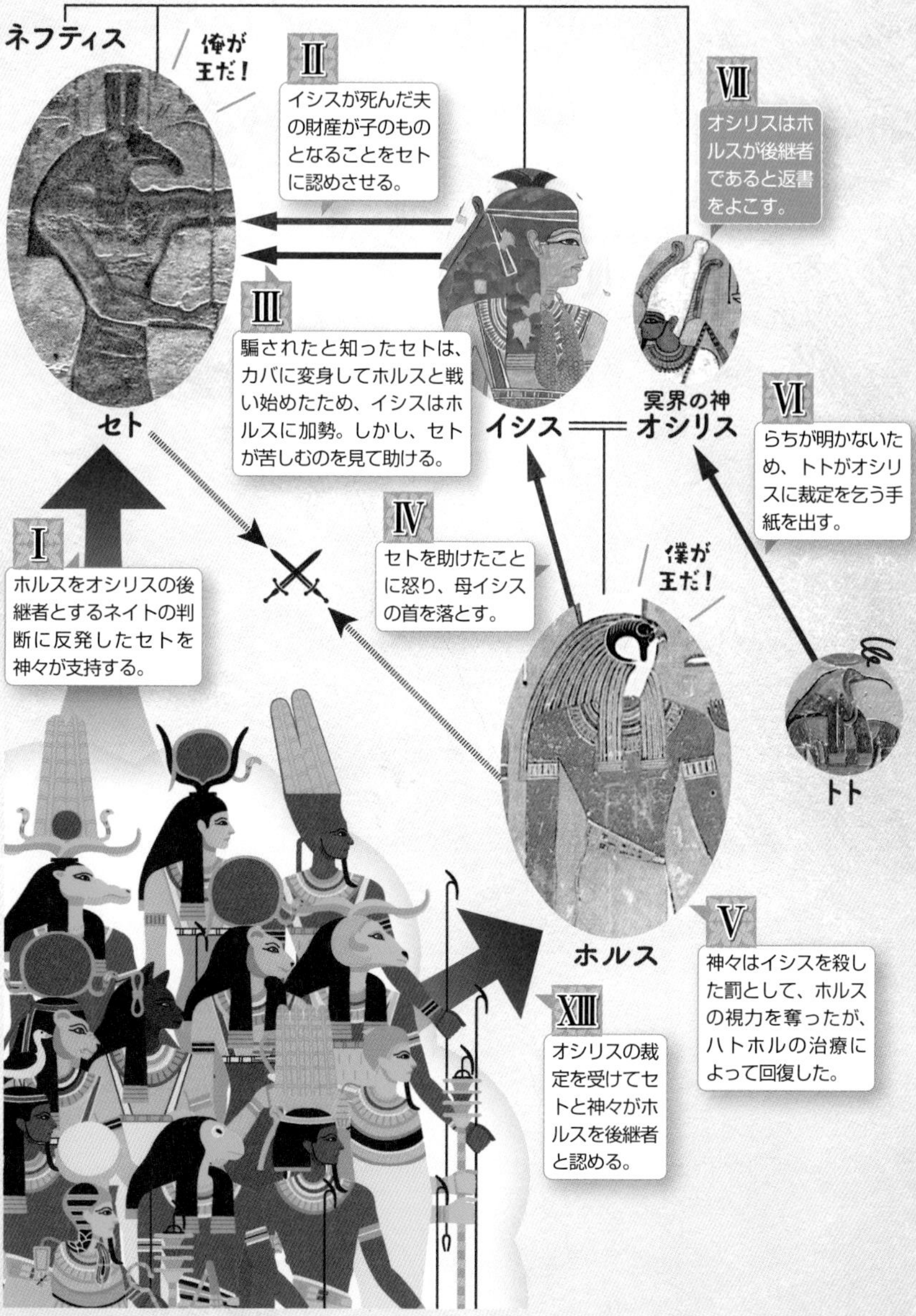

ネフティス
俺が王だ!
セト
I
ホルスをオシリスの後継者とするネイトの判断に反発したセトを神々が支持する。
II
イシスが死んだ夫の財産が子のものとなることをセトに認めさせる。
III
騙されたと知ったセトは、カバに変身してホルスと戦い始めたため、イシスはホルスに加勢。しかし、セトが苦しむのを見て助ける。
IV
セトを助けたことに怒り、母イシスの首を落とす。
V
神々はイシスを殺した罰として、ホルスの視力を奪ったが、ハトホルの治療によって回復した。
VI
らちが明かないため、トトがオシリスに裁定を乞う手紙を出す。
VII
オシリスはホルスが後継者であると返書をよこす。
XIII
オシリスの裁定を受けてセトと神々がホルスを後継者と認める。
イシス
冥界の神
オシリス
僕が王だ!
ホルス
トト

バステトの誕生

ラーが放った殺戮《さつりく》の神は、母性を象徴する猫の神になりました

年老いたラーは自分を敬わなくなった人間に憤慨し、殺戮の女神を生み出しました。それがセクメト。私バステトのかつての姿です。その頃のことを思い出すと今も心が痛むわ。でも私、今は憎しみの心を取り去った猫の女神なの。どうして今の姿になったのか、聞いてくださいませ。

バステト

人間の体に猫の頭を持つ女神バステトは、もともと雌獅子の頭を持つ殺戮《さつりく》の女神セクメトでした。

人類が年老いた自分を信仰しなくなったことに腹を立てたラーが、自らの片目を抉《えぐ》り出して生み出したのがセクメトだったのです。

セクメトは人々を罰するため破壊と殺戮を繰り返し、人の血を好んですすりました。この光景を見かねたオシリスらの諫めを受けたラーは、ようやく我に返ってセクメトを止めようとしましたが、セクメトはラーの制止を聞かず、暴走を続けます。

そこでラーはセクメトから憎しみの心だけを取り除こうと考えます。

まずセクメトの好物であるビールを7000杯も作らせると、赤土を混ぜて血のようにまっ赤な色に染め、セクメトが通る大地にばらまいておきました。翌日、ここを訪れたセクメトはこのビールを生き血と勘違いして飲み干し、酔っぱらいます。ラーはこの隙《すき》にセクメトの心から憎しみを取り去りました。

エジプト人が初めて家畜とした、猫の女神が誕生

その結果、誕生したのが猫の女神バステトでした。憎しみを取り除かれたバステトは穏やかな性格で、家の守り神、母性の象徴、人々を病気から守る神として崇められるようになります。

バステトのモデルとなった猫は古代エジプト人が初めてペットとしました。世界では猫はその自由気ままな性格から悪魔の化身などとされることも多いのですが、古代エジプトではネズミ駆除のために飼い始めた猫の力と俊敏さに感心し、大切に扱って神の姿に重ねたようです。

バステト誕生へ至る経緯

人類が年老いた自分を信仰しなくなったことに腹を立てたラーが、制裁として生み出したのは、破壊の神セクメトだった。

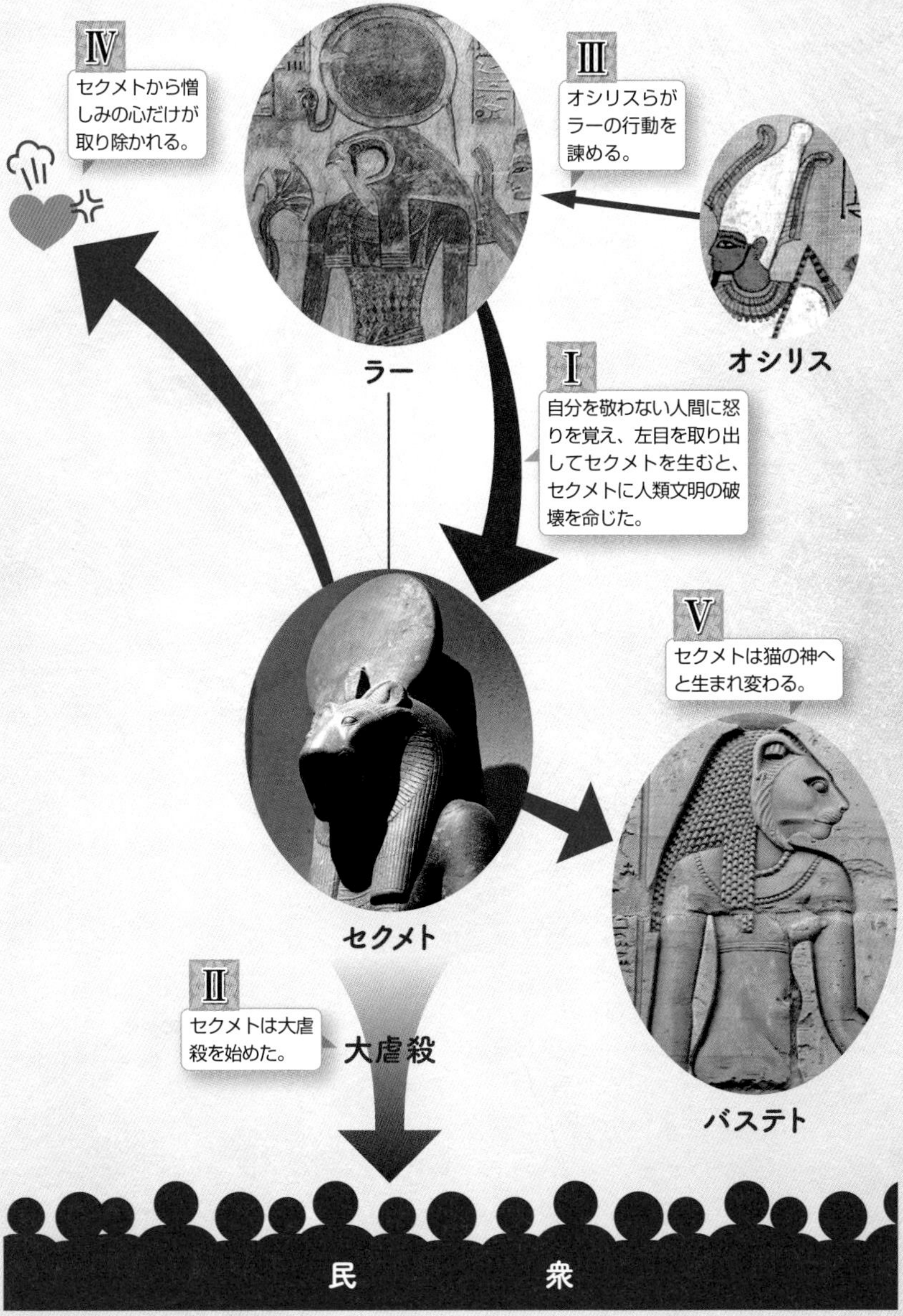
Ⅳ
セクメトから憎しみの心だけが取り除かれる。
Ⅲ
オシリスらがラーの行動を諌める。
ラー
オシリス
Ⅰ
自分を敬わない人間に怒りを覚え、左目を取り出してセクメトを生むと、セクメトに人類文明の破壊を命じた。
Ⅴ
セクメトは猫の神へと生まれ変わる。
セクメト
Ⅱ
セクメトは大虐殺を始めた。
大虐殺
バステト
民　衆

第5章
インド神話
Indian Mythology

3000年の長きにわたり、
成長を続けた壮大な神話群を
6つの名場面からつかむ！

本章を読む前につかんでおきたい

インド神話のあらすじ

インド神話は、神々の讃歌を集めた『ヴェーダ』と２大叙事詩とされる『マハーバーラタ』『ラーマーヤナ』を中心に 3000 年という長期にわたって形成されてきた神話です。アーリア人のインド侵入以降、バラモン教が興り、ヒンドゥー教へと発展していくなかで多くの神々が生み出されてきました。

最も古いヴェーダの時代は、雷神インドラが主神で、水をせき止める悪竜ヴリトラを退治するなどの活躍が伝わります。

やがてヴェーダ時代の後期になると、インドラに代わりブラフマーが主神となります。

原初の水に生まれた黄金の卵からブラフマーが生まれ、天と地を造り、人間も生み出したという世界観が生まれたのはこの頃のことでした。

さらにヒンドゥー教の時代にはこれにヴィシュヌとシヴァが加わった３柱が主神として成立。世界は宇宙を創造するブラフマー、維持するヴィシュヌ、破壊するシヴァを主軸に、創造と維持、破壊を繰り返すと考えられるようになりました。

２～４世紀には、５王子たちの戦いと冒険の物語『マハーバーラタ』とヴィシュヌが化身したラーマ王子の冒険と魔物退治を描いた『ラーマーヤナ』の二大叙事詩が成立し、インドの神話体系がほぼ完成を見ることとなります。

の流れ

ヴェーダからヒンドゥー神話へ……
歴史のなかで形成された神話を俯瞰する

ヴェーダ神話

乳海攪拌

神々がアスラとともに乳海を攪拌すると、海から様々な動物が生まれ、最後に不老不死の霊薬「アムリタ」の壺を持った医学の神が出現した。
▶P.104

インドラの悪竜退治

水をせき止めていた悪竜ヴリトラを、インドラが雷撃ヴァジュラを使って倒し、水を開放する。
▶P.100

死の起源

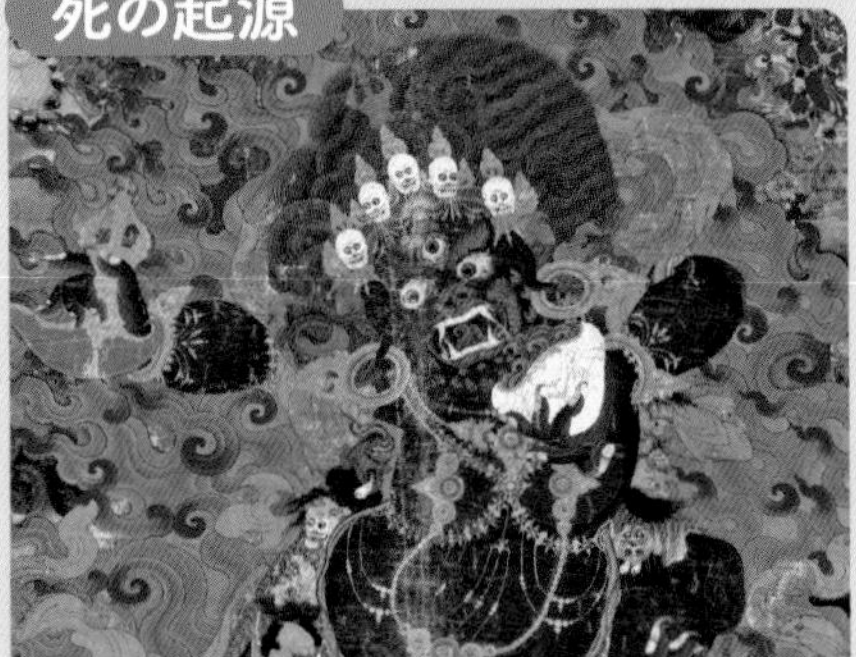

太陽神の子として生まれた初めての人間ヤマは、世界を探索するために旅に出て、死の道を発見する。
▶P.102

あらすじマップでわかる！

インド神話

ヒンドゥー神話

ラーマーヤナ

神々ですら殺せないという力を得た魔王ラーヴァナがランカー島を占拠。ヴィシュヌがラーヴァナを倒すため、コーサラ国にラーマ王子として生まれた。
▶P.112

ラーマは、妻のシーターをさらったラーヴァナの軍隊と激闘を繰り広げ、ついにラーヴァナを倒すことに成功する。
▶P.112

シヴァの神話

ヒマラヤ山脈のカイラーサ山で瞑想していたシヴァは、修行を邪魔する神に炎を発射して灰にする。
▶P.108

サティーを失ったシヴァは、妻の死を悲しみ、すべての創造物を死に至らしめる死の踊りを踊り続けた。
▶P.108

ヴィシュヌの神話

ブラフマーの創造した世界の維持を司り、10の化身（アヴァターラ）に姿を変え世界を救う。
▶P.106

インドラの悪竜退治

武神インドラは、悪竜ヴリトラを退治し、人々に水を取り戻してあげました

インド神話の最初の最高神は、このインドラだ。雷を司り、戦にかけては誰にも負けぬ。水をせき止めた悪竜ヴリトラも、私が退治して恵みの雨を取り戻したのだ。この神話から、私は雨をもたらす神としても信仰されているぞ。

インドラ

インドラは、インド最古の讃歌集『リグ＝ヴェーダ』でヴェーダ時代（紀元前１５００年頃〜紀元前５００年頃）に、最高神として信仰された英雄神です。

凶暴な魔神や怪物と勇猛に戦う雷神で、全身黄金色の皮膚をしていました。

数多くの逸話が伝わりますが、なかでも武勇伝として知られるのが、悪竜ヴリトラ退治です。

ヴリトラが水をせき止めていたため、人々は旱魃《かんばつ》に苦しめられていました。

しかし、不死身であるヴリトラの力を恐れてほとんどの神が逃げ出すなか、誕生したばかりのインドラは、人々の苦しみを聞くと放っておけず、父から稲妻を取り上げ、ソーマ酒を飲み干すと、戦車に乗って出陣しました。

そしてヴリトラとの一騎打ちに挑みます。彼はヴリトラの弱点を発見すると、雷撃ヴァジュラ（金剛杵）を突き刺し、一撃でヴリトラを倒しました。すると大雨が地上に降り注ぎ、人々は旱魃から救われたのです。

武神として崇められる一方で傍若無人な乱暴者だったインドラ

インドラは英雄神である一方、神話では強奪婚を行ない、しばしば夫のいる女性と関係を持つなど傍若無人な振る舞いも多く、その報いとして睾丸《こうがん》を切り取られるなど痛い目に遭うこともありました。

インドラは中央アジアからインドへとやってきたアーリア人がもたらした神で、当初はインドで最も信仰されましたが、後代には三大神にその座を奪われ、神々の王から東方を守る守護神へと追いやられています。一方でその神格は仏教に取り入れられ、帝釈天《たいしゃくてん》となりました。

ヴェータの武神インドラの戦い

ヴェーダ時代から信仰される英雄神インドラには、数多くの戦いのエピソードが伝わる。なかでも武勇を発揮する逸話として有名なのが水をせき止めていた悪竜ヴリトラ退治である。

茶褐色または黄金色の身体。
武器は雷撃ヴァジュラ(金剛杵)。工巧神トゥヴァシュトリが作った武器で、雷を象徴する。
インドラの乗りものはアイラーヴァタと呼ばれる白象。雲を作り出す力を持つという。
神酒ソーマを好物とし、暴飲しては暴れる性格。
ヴリトラとまとめて退治したという。
［ダヌ］
母
子
インドラ
〈アスラ〉
［ナムチ］
［ヴィローチャナ］
［インドラジット］
［マハーバリ］
水をせき止めていたためこれを退治し、人々に平安と水をもたらす。
当初、親友であったが、ナムチが裏切り、不倶戴天の敵となる。
悪竜
［ヴリトラ］

もっと知りたい！ インド神話

ヴェーダの神々

インドでは紀元前 1500 年頃、中央アジアからインドに人々が流入してきました。インドの自然現象の偉大さを目の当たりにした彼らは、土着の信仰と融合したバラモン教を生み出し、神に向けた聖歌を生み出します。それが『リグ・ヴェーダ』です。

神はインドラのほか、不死を授けるという火の神アグニ、原初の人間プルシャから生まれ、スリランカを作ったという風の神ヴァーユ、太陽神スーリャ、冥界の王として君臨したヤマ（▶ P.102）なども登場します。

死の起源

死者の国への道を発見したヤマが、恐ろしい冥府の裁判官へと変わるまで

生があれば死がある。そんな死を最初にもたらしたのは最初の人類である私、ヤマである。死者の国は、みんなが楽しく暮らせる場所だったが、人が増え過ぎると狭くなってしまう。そこで天国行と地獄行を分けたところ、怖がられる存在になってしまった。

ヤマ

インド神話では初めての人類は太陽神の子として生まれたヤマとされています。

『リグ・ヴェーダ』によれば、ヤマは世界を探索する旅に出て、死の道を発見します。ヤマが最初の死者となり、それ以降、人間は必ず死ぬ存在となりました。

当初、死の世界はすべての死者が赴く天界の高い場所にある理想郷で、死者は祖先の霊とともに楽しく暮らす世界と考えられていました。

しかし時代が下ると、ヤマの世界へ行ける者は善行を積んだ者たちに限定され、その場所と反対の地獄の概念も生まれます。

また、天国の具体的な描写も生まれ、ヤマの世界は城壁に守られた周囲7000㎞もある広大な場所で、100の街があり、旗や花々で飾られていたとされます。そこには寿命を判断する建物やヤマの黄金の宮殿もあったとされます。

全員が天国行から、天国か地獄行へ分かれていく

さらに時代が下ると、ヤマは死者の生前の行いを記録して、天国と地獄どちらへ行くか、審判を下す役割も担うようになります。

『ブラーフマナ』では、ヤマを人間を罰する恐ろしい存在とみなします。ヤマは斑《ぶち》のある2匹の4つ目の犬が集めて回った死者の魂に対し、賞罰の判断を下すとされました。時代が下るとヤマの居場所は地下に移り、仏教にも取り入れられて地獄の支配者・焔魔天《えんまてん》となります。これが中国・日本へと伝わり閻魔大王となりました。

なお、ヤマの死後、妹ヤミーが兄の死を忘れられず、「ヤマは今日死んだ」と嘆き続けていました。当時はまだ昼しかなかったため、神々は夜を作り、翌日というものができました。

ヤマから閻魔への変遷

はじめての死者として登場したヤマは、二系統に分かれて進化した。まず天部の一尊として仏教に取り入れられたヤマは焔摩天となる。一方、居場所を地下世界に定められると冥界の裁判官としての性格が加わり、中国・日本へ伝わるなかで閻魔大王となった。

［ヤマ］

初めての死者であり、死の世界はすべての死者が赴く理想郷で、ヤマとともに楽しく暮らすものと考えられていた。ヤマの世界は城壁に守られた周囲7000kmもある広大な場所で、100の街があり、旗や花々で飾られていた。

天部の一尊

［焔摩天《えんまてん》］

仏教に取り入れられ、天部の一尊となった焔摩天。穏やかな表情で、インド風の服をまとう姿で描かれる。

冥界の裁判官
（地獄の王、死者の王）

［閻魔大王《えんまだいおう》］

十王信仰と結び付き、地獄の裁判官のひとりとなった閻魔大王。唐代の官服をまとい、恐ろしい形相で死者を睨みつけている。

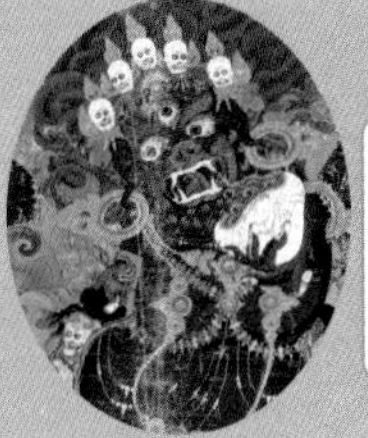

［ヤマ］

チベット仏教では、死者の王として扱われ、生首のアクセサリーをつけた恐ろしい姿で描かれる。

もっと知りたい！ インド神話

死の起源

人類が死の起源について考えるようになったのは、新石器時代からといわれています。

死を扱った神話として最初期の神話には、オリエント神話の『ギルガメシュ叙事詩』があります。

また旧約聖書では、神の言いつけを守らなかったアダムとエバに課せられた罰のひとつに死が挙げられています。日本では、イザナキとイザナミの仲違いにより、イザナミが１日1000人を殺すと宣言したことから人間の死が生じています。

乳海攪拌

アスラとともに乳海を攪拌した神々は、アスラを騙してアムリタを独占しました

創造神話には、俺たちアスラも関わっている。神々との戦争になったときのこと、一緒に不老不死の薬を手に入れるために、協力しないかと神共が泣きついてきたのだ。アスラと神々がある方法で海を攪拌すると、海は乳海となって多くのものを生み出した。そしてアムリタが登場するわけだが、まさか神のくせに俺たちを騙すとはなぁ。

アスラ

ヒンドゥー教の天地創造神話は、乳海攪拌《にゅうかいかくはん》として知られる物語です。

アスラ（阿修羅）が天界へ攻め込んできたとき、ちょうどインドラが仙人の呪いで力を失っていたため、神々に対抗する手立てがありませんでした。そこへ、ヴィシュヌが不老不死の霊薬「アムリタ」を作ればよいこと、そのためにはアスラとの協力が欠かせないことを告げます。

そこで神々はアスラに協力を持ち掛けます。アスラがこれを承諾したため、ヴィシュヌが大亀クールマに化身し、その背にマンダラ山を乗せて軸棒として、それに竜王ヴァースキを巻き付けました。そしてアスラが頭を、神々が尾の方を引っ張り、マンダラ山を回して海をかきまぜたのです。

それは１０００年にわたって続けられ、山の動物が死に絶える一方、草木の汁が海中に流れ込み、海の水は濁って乳海となりました。すると、大海から日と月が出現し、続いて、シュリー（ラクシュミー）女神、白馬、宝珠が生まれ、最後にアムリタの入った壺《つぼ》を持った医学の神が姿を現しました。

アムリタを独占すべく ヴィシュヌが一計を案じる

しかしアスラがアムリタを独占しようとしたため、ヴィシュヌが美女に化身してアスラを誘惑。その隙《すき》に神々がアムリタを飲んで不老不死となります。

アスラのひとりラーフも神に変装してアムリタを口にしますが、それを知ったヴィシュヌはラーフの首をはねました。不死となったラーフの頭は密告した日と月を恨み、しばしば日と月を捉え、それが日食、月食となったのでした。

図解乳海攪拌―神とアスラの協力によって生まれた世界

不老不死の仙薬アムリタを得るために始まった乳海攪拌であったが、女神やアイラーヴァタ、パーリジャータなどの動物、聖樹などが次々に生まれている。

ヴァースキの尾を引っ張った。
デーヴァ（神々）
ヴィシュヌの化身である巨大亀クールマは、背に大マンダラ山を負っている。
ヴァースキの頭を持ち、これを引っ張った。
アスラ
竜王ヴァースキ
乳海攪拌によって生じたもの
女神
アプサラス（飛天）たち
白馬
ウッチャイヒシュラヴァス
聖樹
パーリジャータ
白い象
アイラーヴァタ
聖牛
スラビ
女神
ラクシュミー
医神
ダヌヴァンタリ

もっと知りたい！インド神話

アスラっていったい何者？

アムリタをめぐり神々に騙されたアスラ。ヒンドゥーの神々はデーヴァ族と呼ばれ、アスラはこれと同等の力を持つ種族でした。実は両者の境界は曖昧で、ともに超自然的な存在であり、もともとは同族で、それが２系統に分かれたともいわれます。ヴェーダ神話のアスラは、利己的で人に危害を加えることがあるものの、時に人間を助けることもあるのです。

しかし、時代が下ると慈悲深いデーヴァの神格が上がり善神と称えられる一方で、神々と争うアスラはその敵役とみなされるようになり、魔族のような存在となってしまいました。

ヴィシュヌの神話

ブッダもヴィシュヌの化身？　ヴィシュヌは様々な姿となって世界を救います

ヴィシュヌ

乳海攪拌では亀に化身しましたが、私の本来の役割は人々を救済することです。様々な姿に身を変えて地上に現われるため、当初は私だとは気づかれませんでしたけどね。私はこれまでに神や王子、そしてブッダにも化身しましたが、それらは「アヴァターラ」と呼ばれています。

乳海攪拌を提案し、重要な役割を担ったヴィシュヌは、ヒンドゥー三大神の一柱です。名前の語源は「行きわたる」という意味で、4本の腕にはそれぞれ、こん棒、紅蓮華、ほら貝、輪宝を持ち、青黒い肌を持つ美青年として描かれることの多い神です。

インドラが隆盛していたヴェーダ時代はそれほど重視されていない神でしたが、バラモン教がヒンドゥー教へと発展していくなかで急速に人気が高まります。世界が危機に陥った時、世界を維持して復活する救済の神として喧伝《けんでん》され、その人気も神々の頂点に立ちました。

ヴィシュヌ信仰の人気が高まった要因は、クリシュナなど人気の高い地方の神々と同一化されて幅広い信仰を集めたことと、世界が危機に陥った時、様々な姿に身を変えて現れ、世界を救うという信仰です。

亀や魚、英雄、王子、さらにブッダもヴィシュヌの化身？

とくに10の化身、「アヴァターラ」が良く知られています。

乳海攪拌の際に化身した亀のクールマのほか、世界を大洪水から救う大魚マツヤ、『ラーマーヤナ』の英雄ラーマ、大地を持ち上げるイノシシのヴィラーハ、魔王マハーバリを冥界へと追い出した小人のヴァーマナ、この世の終わりに現れる神カルキなど動物や神、英雄はもちろん、なんと仏教の祖ブッダも化身のひとつで、魔神を地獄へと導く役割を果たすとみなされました。

このようにインド各地の信仰や仏教も取り込んだことで、幅広いご利益を持つ神格が形成され、信仰の人気の高まりを促しました。

ヴィシュヌのアヴァターラ

ヴィシュヌは危急の際に人間の英雄や動物などの化身（アヴァターラ）に姿に変えて地上に現れ、人々の窮地を救うという。

パラシュラーマ
斧を持った聖仙のアヴァターラ。邪悪なクシャトリヤ（士族階級）を滅ぼした。

ナラシンハ
半獅子、半人のアヴァターラ。不死の力を手に入れたヒラニヤカシプを倒した。

クリシュナ
邪な王カンサを倒すために化身したヤーダヴァ族の王子の姿。

ラーマ
神では殺せない魔王ラーヴァナを倒すために人間として生まれ変わった姿。

クールマ
亀のアヴァターラ。マンダラ山を背負い乳海攪拌の軸となってアムリタの出現に貢献した。

ヴァラーハ
イノシシのアヴァターラ。アスラのヒラニヤークシャに海の底へさらわれた大地の女神を助け出した。

マツヤ
半魚半人のアヴァターラ。王仙サティヤヴラタに大洪水が起こることを告げ、人類を救う。

カルキ
この世の終わりに現われると信じられているヴィシュヌの化身。白馬に乗って現れ、邪悪な者を倒し新しい世界を作り上げるという。

ブッダ
仏教の開祖であるブッダ。ヒンドゥー教では魔人の力を弱めるために悪しき教えである「仏教」を広めたとされる。

ヴァーマナ
小人のアヴァターラ。天、地上、地底を支配する魔王マハーバリの前に現れ、傲慢な考えを改心させた。

シヴァの神話

ヒンドゥーの破壊神は生殖を司る創造神でもありました

> ヴィシュヌやブラフマーと並ぶヒンドゥー三大神の1柱だが、彼らとは違い、私は気が短い。気に入らないものは破壊し、焼き尽くす。ブラフマーの首をも斬り落とした。破壊したものはまた創造すればよい。そしてまた壊す。世界はその繰り返しであろう。

シヴァ

ヴィシュヌ、ブラフマーとともにヒンドゥー教の三大神の1柱とされるシヴァは、破壊と創造の両面を司る神です。

端正な顔立ちに青黒い引き締まった体、首に毒蛇を巻いた長髪の男性の姿で表現されます。眉間《みけん》には第3の目があり、三日月の装身具や三《みつ》叉《また》の槍と共に雄々《おお》しく描かれる神です。

ヴェーダ時代の嵐神《らんしん》ルドラが起源とされ、第一に雷鳴と稲光をもたらし、暴風雨や嵐を起こす性格を持っていたため、破壊の神と考えられるようになりました。その恐ろしさは、カイラーサ山で瞑想《めいそう》していた時に、修行を邪魔する欲望の神カーマの矢を受けると、苦行を邪魔されたと怒り、第3の目から炎を発射してカーマを灰にしたことにも表れています。

そのほかブラフマーと言い争いになった時には、シヴァは全身で憤怒を現し、ついには、ブラフマー神の首をひとつ斬り落としています。

また、息子に対しても容赦がなく、生意気な言葉を吐いたガネーシャの首もはねてしまいました。ただし、我に返ったシヴァは、愛妻パールヴァティの怒りを恐れて、ガネーシャの代わりの首を慌てて探すという茶目っ気のある姿も見せています。

リンガから生まれ、生殖の神の一面も持っていたシヴァ

ただしシヴァは破壊するだけの神ではありません。創造と生殖を司る一面も持っていました。暴風雨は破壊をもたらす一方で、大地に再生を促し、新たな生命となる芽を生み出し、恵みの雨で育てる役割も担っていたからです。

こうして死と再生のサイクルを表すシヴァは、新たな生命を生み出す生殖の神としても信

シヴァの系譜

シヴァには多くの妃がおり、多様な性格の子も多い。これもヴィシュヌ同様、地方で崇められていた神々を取り込んだり、その系譜につなげたりすることで土着信仰を取り込んでいったためである。

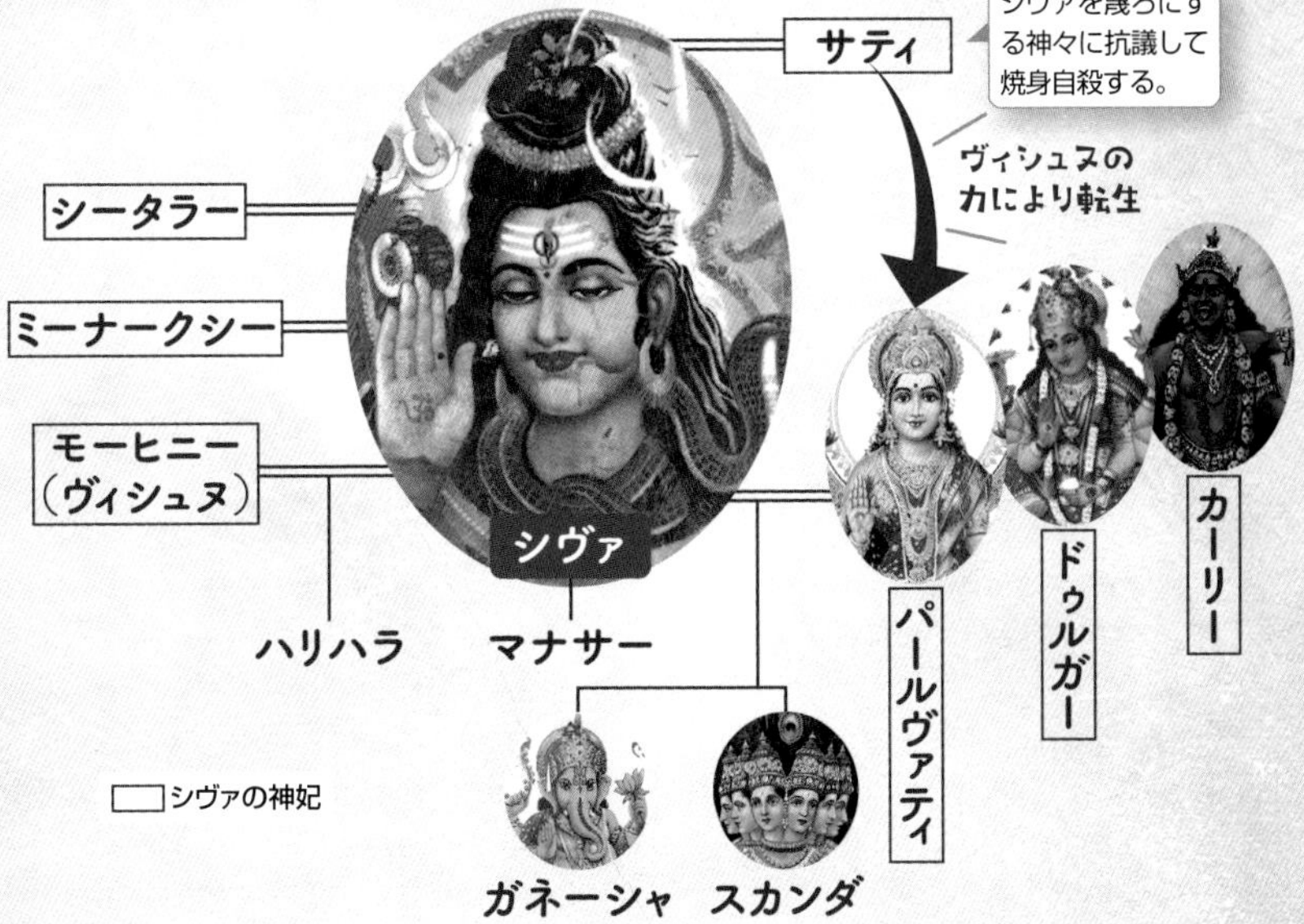
サティ
シヴァを蔑ろにする神々に抗議して焼身自殺する。
ヴィシュヌの力により転生
シータラー
ミーナークシー
モーヒニー（ヴィシュヌ）
シヴァ
ハリハラ
マナサー
パールヴァティ
ドゥルガー
カーリー
ガネーシャ
スカンダ
シヴァの神妃

仰されました。そのため男性器を象《かたど》った祭器の「リンガ」がシヴァの象徴となります。シヴァはブラフマーとヴィシュヌの目の前に現れたリンガから生まれたともいわれているのです。

　リンガに関連してシヴァは性愛のエネルギーの一面も表し、当初はヒマラヤで厳しい修行に励む苦行者でしたが、ヒマラヤの山の娘と結婚すると一転、愛欲の神ともなっています。

妃や息子に各地方の神を系譜のなかに取り込んだ神

　このように破壊と再生を司るシヴァはほかにも多様な神格を持っていました。解脱《げだつ》（悟りを開くこと）や芸術、ヨーガの神としても知られており、とくにナタラージャ（踊りの王）とも呼ばれ、妻の死を悲しみ、すべての創造物を死に至らしめる踊りを踊り続けたと言います。

　シヴァがこのように多様な神格を持つのは、ヴィシュヌと同じく各地方の神を取り込んだり、その系譜につなげたりして神格を高め、人気を博したからです。ヒンドゥー教の歴史を物語る神と言えるのかもしれません。

Column

配偶神のふしぎ

ヒンドゥー教の神々に
ことごとく伴侶がいるのはなぜか？

ヴィシュヌ、シヴァ、ブラフマーの三大神がそれぞれラクシュミー、パールヴァティ、サラスヴァティを神妃とするように、ヒンドゥー教の神々の多くは伴侶を持っています。

その背景には神が内部のエネルギーを発揮するために、女神との合体を必要とするというシャクティ信仰がありました。このインドならではの傾向は、土着の女神信仰とアーリア人の男性神の信仰が融合し培われたようです。この信仰は女性との性交が解脱に至る道とするタントリズムも生み出しました。

好きすぎて頭が増える。

4本の腕を持ち、2本の腕に数珠とヴェーダを持ち、もうひと組の腕で弦楽器を奏でる。

白い肌の女神で、白い衣をまとう。

長い舌を垂らし、口のなかの牙を見せている。

肌は青みがかった黒で、4本の腕に湾刀を持つ。

生首やどくろをつないだ首飾りをつける。

［ブラフマー］＝＝＝［サラスヴァティ］

ブラフマーの神妃サラスヴァティはブラフマーが生み出した娘です。ところがその美しさに惚れ、四方のどこにいてもその顔が見えるようにと、自身に4つの顔を生み出しました。サラスヴァティが天空に逃げたところ、ブラフマーは天空を監視する5つ目の顔を生み出し、どこまでも追い詰めます。彼女はあきらめて妻となり、人間の祖マヌを生んだとされます。

4本の腕に水蓮や貯金箱を持つ。

開いた蓮華の花の上に立つ。

［ラクシュミー］

ひと目惚れして妃にする。

［ヴィシュヌ］

ヴィシュヌは、神々とアスラがアムリタを手に入れるため乳海を攪拌した時、大海から手に蓮を持って現れたラクシュミーの美しい姿にひと目惚れして彼女を妻にしました。彼女は繁栄、幸運、美の女神で、神々と人間が理想とするすべてを体現した女神でした。

三大神

シヴァには多くの神妃がいます。最初の妻サティは焼身自殺し、2番目の妻パールヴァティはその生まれ変わりです。彼女がいたずらで夫の両目をふさいだため彼に第3の目が現れたという逸話があります。また、パールヴァティ以外に特に戦闘的なドゥルガー、カーリーという2柱の神妃が知られます。前者はアスラの侵攻を受けた際、シヴァとヴィシュヌによって生み出され、10本あるいは18本の腕に武器を持つ女神。後者はこのドゥルガーの怒りから発現した殺戮の女神とされます。ともにシヴァ神の神妃とされ、パールヴァティと同一視される存在です。

怒りの焼身自殺は、のちに寡婦焚死の起源に……。

［サティ］

転生！

金色の美しい肌を持つ女神。

10本あるいは18本の腕に、神々から与えられた様々な武器を持つ。

虎に乗る姿で描かれる。

［ドゥルガー］

発現

［カーリー］

アスラとの戦いの際に現れた戦闘神

［シヴァ］＝＝［パールヴァティ］

［ブッディ］＝［ガネーシャ］＝［シッディ］

［スカンダ（カールッティケーヤ）］＝［カウマーリー］

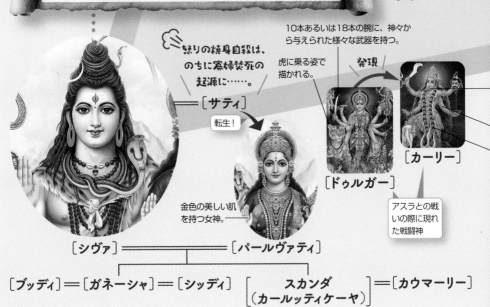

ラーマーヤナ

ヴィシュヌの化身ラーマ王子の魔王ラーヴァナを倒す冒険が展開されます

ヒンドゥー教時代の神話は二大叙事詩が有名だ。私ラーマはそのひとつ『ラーマーヤナ』の主人公だ。妻のシーターが魔王ラーヴァナにさらわれたため、これを救うべく冒険の旅に出た私は、インド各地を旅してまわり、ついに敵の本拠地ランカー島に乗り込んだ。

ラーマ

『ラーマーヤナ』は古代インドで著わされた2大叙事詩のひとつ。神話の要素がふんだんに盛り込まれ、ヒンドゥー教の重要なテキストとなりました。

事の発端は、修行によって神にも殺されない力を身に着けた魔王ラーヴァナが、ランカー島（スリランカ）を占拠したこと。これに苦しめられた神々の願いを聞き入れ、ヴィシュヌはラーヴァナ退治のためラーマ王子に姿を変え、地上に下りました。

やがてラーマ王子は、王宮で、ある策略にはまり、妻のシーターとともに宮殿を出て流浪の身となり、森で暮らすようになりました。

妻を救うため猿の神とともに大冒険を繰り広げたラーマ王子

ある時、魔族のシュールパナカーから言い寄られたラーマ王子はそれを拒否。すると怒った彼女はシーターを殺そうとしたため、鼻と耳を削ぎ落されてしまいます。

これを恨んだ彼女は兄のラーヴァナに仇討ちを頼みました。そこでラーヴァナはシーターを誘拐し、ランカー島に連れ去ってしまったのです。

ラーマ王子は妻を取り戻そうと各地を巡って冒険を繰り広げます。そして猿の神ハヌマーンらの協力を得てランカー島に渡り、ラーヴァナと戦いを繰り広げました。激闘の末、ラーマ王子がラーヴァナを倒し、シーターを取り戻しました。神に倒せないラーヴァナですが、人間であれば倒せたのです。

この物語はインドの人々の考え方や宗教思想に影響を与え、精神的支柱として語り伝えられることとなりました。

7ポイントで読む『ラーマーヤナ』の流れ

1 ラーマの誕生

神々ですら殺せないという力を得た魔王ラーヴァナがランカー島を占拠し、ヴィシュヌがコーサラ国にラーマ王子として生まれた。

↓

2 シーターとの結婚

弓の名手となったラーマは、伝説の弓を引きすぎて折ってしまうが、ヴィデーハ国の王ジャナカ王は娘のシーター姫をラーマと結婚させた。

↓

3 故郷を追われるラーマ

王の第2王妃の策謀によりラーマは王国を追放され、弟のラクシュマナと妻シーターと旅立つ。

↓

4 シーターの誘拐

シュールパナカーがラーマを逆恨みして兄のラーヴァナに報復を依頼。ラーヴァナはラーマの隙を突いてシーターを誘拐する。

↓

5 ハヌマーンとの出会い

ラーマは猿の神ハヌマーンに出会い、協力を得る。ハヌマーンはランカー島にシーターがいることを突き止め、一行は軍隊を率いて島へ向かう。

↓

6 ラーヴァナとの決戦

ラーマはラーヴァナの軍と激闘を繰り広げ、これを退けると、続いてヴィシュヌから授けられた天界の矢を使い、ラーヴァナを倒す。

↓

7 ラーマの凱旋と結末

凱旋したラーマであったが、シーターの不貞を2度にわたって疑い、結局シーターを捨ててしまう。やがてラーマもこの世を去り、神々の国に戻る。

もっと知りたい！ インド神話

マハーバーラタ

『ラーマーヤナ』と並ぶ二大叙事詩のひとつが『マハーバーラタ』。北部インドのクルクシェートラを舞台に、クル族とパーンドゥ族の争いを描いています。神の子であるアルジュナら正義の5王子と従兄弟の百王子たちが王位を争い、数々の戦いと冒険を繰り広げます。

ヴィシュヌの化身であるクリシュナが、戦いに身が入らないアルジュナ王子に「人には使命がある」と励まし、アルジュナが奮闘する場面が有名です。

第6章

マヤ・アステカ・インカ神話

Mythology of Maya, Aztec and Inca

文明の崩壊とともに失われた、
神々の戦いと人類創世の伝説を
4つの名場面からつかむ！

本章を読む前につかんでおきたい

マヤ・アステカ・インカ神話のあらすじ

ユカタン半島に興ったマヤ文明の神話では、『ポポル・ヴフ』に記された創世神話が有名です。神々はまず泥で、次は木で人間を創りましたが気に入らず、洪水を起こして滅ぼし、トウモロコシで創り成功しました。あわせて双子の英雄神が戦って敵を下す話も伝えられます。

メキシコ中央高地のアステカ文明は、メキシコ北部にいたアステカ族が、ウィツィロポチトリの導きで故郷をたって放浪した末、湖の上に都テノチティトランを築いたことを発祥とします。マヤ同様、世界は創造と破壊を繰り返すものと捉え、5つの太陽にまつわる創世神話を生み出しました。

両文明はともに世界が創造と破壊を繰り返すものとみなしており、こうした信仰により生贄の儀式が盛んに行われました。

一方、南米アンデスのインカ帝国では、ビラコチャによる創世神話が伝えられていました。

それはチチカカ湖から現われたビラコチャが太陽、月、星を作り、巨人族を創造するも、気に入らなかったため洪水で流し、多くの石像から人間を創造したというものです。

インカでは、これ以外に太陽神インティが中心となった王権起源神話が語られています。

の流れ 生贄の風習に息づく破壊と創造の神話を知る

アステカ神話

5つの太陽

ケツァルコアトル、テスカトリポカら4柱の兄弟神による争いのなかで太陽と世界が滅亡と再生を繰り返す。

▶P.120

第4の太陽が現れたのち、地下世界の骨から人間が再生される。

▶P.121

マヤ神話

ポポル・ヴフ

テペウとグクマツが天地を創造。その後、トウモロコシから現在の人間を創造する。

▶P.118

フンアフプーとイシュバランケーという双子神が地下世界の神々を退治したあと、太陽と月となった。

▶P.118

あらすじマップでわかる！

マヤ・アステカ・インカ神話

インカ神話

ビラコチャ神話―インカ帝国の始まり

チチカカ湖から出現したビラコチャが世界と人類を創造する。

▶P.124

王権神話―インカ帝国の始まり

太陽神インティが娘と息子を地上に送り、人間に農耕や牧畜、法などを教える。

▶P.125

アステカ王国の建国

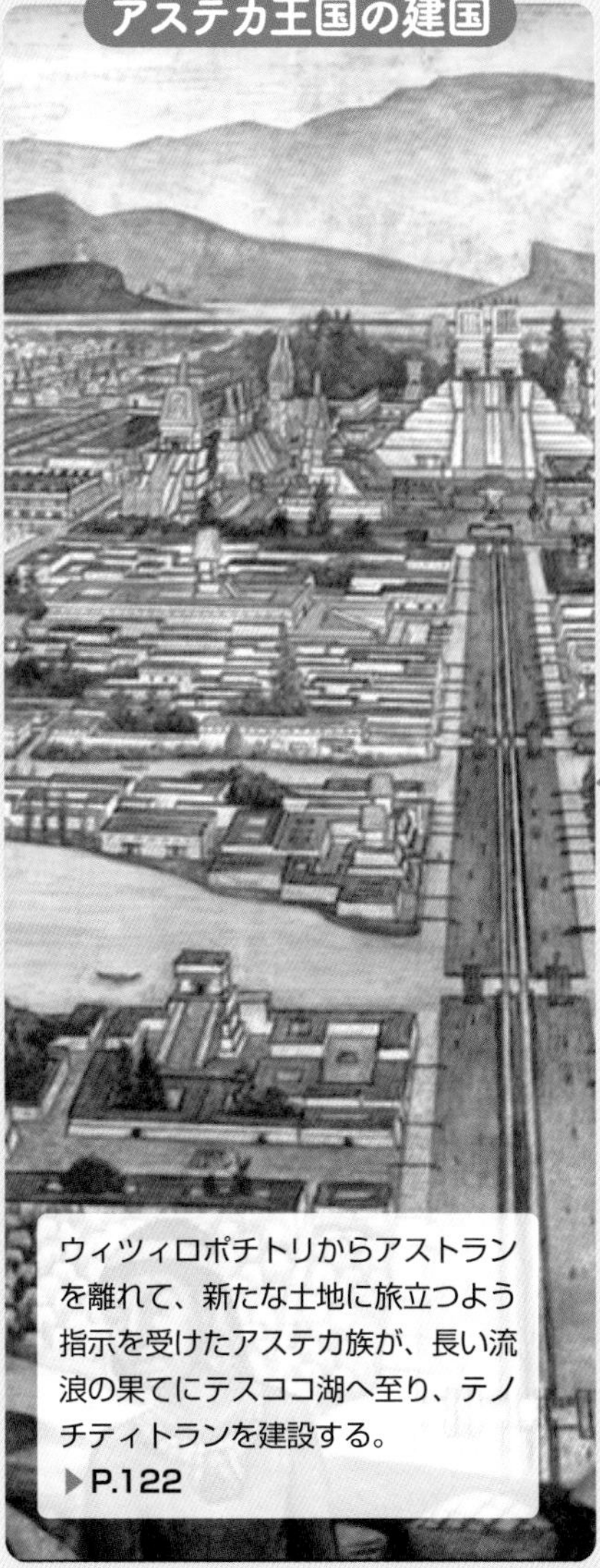

ウィツィロポチトリからアストランを離れて、新たな土地に旅立つよう指示を受けたアステカ族が、長い流浪の果てにテスココ湖へ至り、テノチティトランを建設する。

▶P.122

ポポル・ヴフ

マヤの創造神が世界を創り上げる一方、双子の神の戦いが描かれます

『ポポル・ヴフ』では、「羽をつけた蛇」による世界と人類や動物の創造が描かれる一方で、父と叔父を地下の神々に殺された、俺たち兄弟による復讐劇が太陽と月の誕生に絡んで語られる。話の展開が前後する不思議な構成だが、俺たちが死の力を弱めたから、神々は無事人間を創造できたってことらしい。

イシュバランケー

フンアフプー

中央アメリカ、ユカタン半島を中心に栄えたマヤ文明の人々が語り継いだ神話については、スペインに征服された後すぐに書かれた『ポポル・ヴフ』が、その内容を今に伝えています。

マヤの人々は天文学に通じ、そこから独自の神話を作りあげました。

それによれば世界は、羽をつけた蛇の形をしたグクマツとテペウという神によって創られました。グクマツが水の上で「大地よ」と唱えると、大地が出現し、木や川など自然や動物などが次々と現れます。しかし動物が神を崇《あが》めなかったため、神々は動物を食べました。

ラベウとグクマツは代わりに人間を創りますが、泥で創った第一の人類は知能が足りず、すぐに溶けてしまいます。続いてグクマツとテペウは第二の人類を木から創りましたが、魂や知恵が欠けていたため、神々は洪水を起こしてこれも滅ぼします。しかし最後に第三の人類をトウモロコシの粉で創り、神々は満足しました。

この神話では、世界が何度も創造と破壊を繰り返すという概念が表わされています。

冥界の神々たちと対決し、仇を討った双子の兄弟

この創造と破壊の神話の間には、双子神の神話も挿入されています。

ある占い師にフン・フンアフプーとヴクブ・フンアフプーという双子の息子がいました。

双子が球戯をしながら大騒ぎすると、その騒音に悩まされた地下のシバルバー（冥界《めいかい》）の王は、球戯の試合を理由にふたりを呼び出し、罠《わな》にはめて処刑してしまいます。

フン・フンアフプーの首は木に吊るされましたが、その頭が木に近づいた少女につばを吐く

『ポポル・ヴフ』の天地創造

『ポポル・ヴフ』の物語

創世神話

Ⅰ テペウとグクマツによる天地創造

Ⅱ テペウとグクマツによる人類創造の失敗

Ⅲ テペウとグクマツによる人類創造の成功

太陽と月の起源

Ⅰ フンアフプーとイシュバランケーによるシパクナーとその息子たちの殺害

Ⅱ フン・フンアフプーとヴクブ・フンアフプーの処刑

Ⅲ フンアフプーとイシュバランケーによるシバルバーの神々への報復

Ⅳ フンアフプーとイシュバランケーが太陽と月になる

と少女は妊娠。やがてフンアフプーとイシュバランケーという双子の兄弟を生みました。

成長したふたりは父と叔父の仇を討とうと、冥界に乗り込みます。そこでは様々な試練を与えられ、ついにフンアフプーが死のコウモリに頭を切り落とされてしまいました。

そこでイシュバランケーはシバルバーの神々らに球戯の試合に挑み、隙《すき》を見て球戯場にあった兄の首を取り戻し、球戯にも勝利します。

生き返り術を見せると騙し、シバルバーの神々を亡ぼす

怒ったシバルバーの神々はふたりを捕まえ焼き殺しましたが、なんとふたりは生き返ります。神々は生き返りの方法を知りたがり、自分たちも試そうとします。そこでまず双子は神々を殺し、二度と生き返らせませんでした。こうして父たちの仇を討った兄弟は天に昇り、太陽と月になりました。

一方で死の力を弱めたことで地上では適切に人間を創造する準備が整い、トウモロコシから4人の男女が創られたのです。

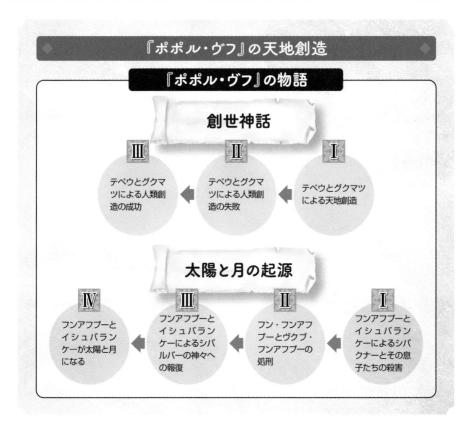

5つの太陽

兄弟神の争いのなかで、5つの太陽が興亡を繰り返しました

アステカもマヤと同じく再生と破壊の繰り返しである。私たち世界を創造した兄弟の間で世界の再生と破壊が繰り返され、今は5番目の太陽の時代。ただ太陽が燃え続けるためには生贄が必要だ。アステカの人々よ、生贄を捧げるために戦うのだ。

ケツァルコアトル

現在のメキシコ中央部に栄えたアステカ王国に伝えられる創世神話では、太陽の創造と破壊が繰り返され、マヤ文明と同じく、世界は創造と破壊を繰り返すという概念が貫かれています。

神々の父オメテオトルには4人の息子がいました。上のふたりトラトラウキ・テスカトリポカ（赤いテスカトリポカ）とヤヤウキ・テスカトリポカ（黒いテスカトリポカ）が暦と大地を創り、下のふたりケツァルコアトルとウィツィロポチトリが太陽と火を創ります。

4柱の神々はそれぞれ4つの方角を治めましたが、やがて彼らは争いを始め、世界は創造と破壊を繰り返す5つの太陽の時代を迎えます。

第1の太陽の時代は、黒いテスカトリポカが自ら太陽となり世界を支配していましたが、ケツァルコアトルがこれを打倒し、太陽も世界も滅び、ケツァルコアトルが創造した第2の太陽の時代となりました。

今度はテスカトリポカが太陽の座を狙ってケツァルコアトルを襲撃するなど、以降、両者の争いや大雨などで、太陽の創造と破壊が繰り返されました。そして現代はケツァルコアトルが支配する第5の太陽の時代とされています。

神の犠牲のもとに生まれた太陽のために生贄を捧げ続ける

ただし、第5の太陽だけは、神の犠牲のもとに生まれたものでした。

ナナワツィンという神が火の中に身を投じ、火の中から太陽として現れたのです。

神々はこの太陽は心臓を食べ、血を飲む必要があると考えます。そこで人間を捧げる生贄制度が生まれ、その生贄を確保するために戦争が始まったのでした。

創造神話の相関図

アステカの創世神話では、4柱の兄弟神による争いのなかで世界が滅亡と再生を繰り返す様子が語られる。

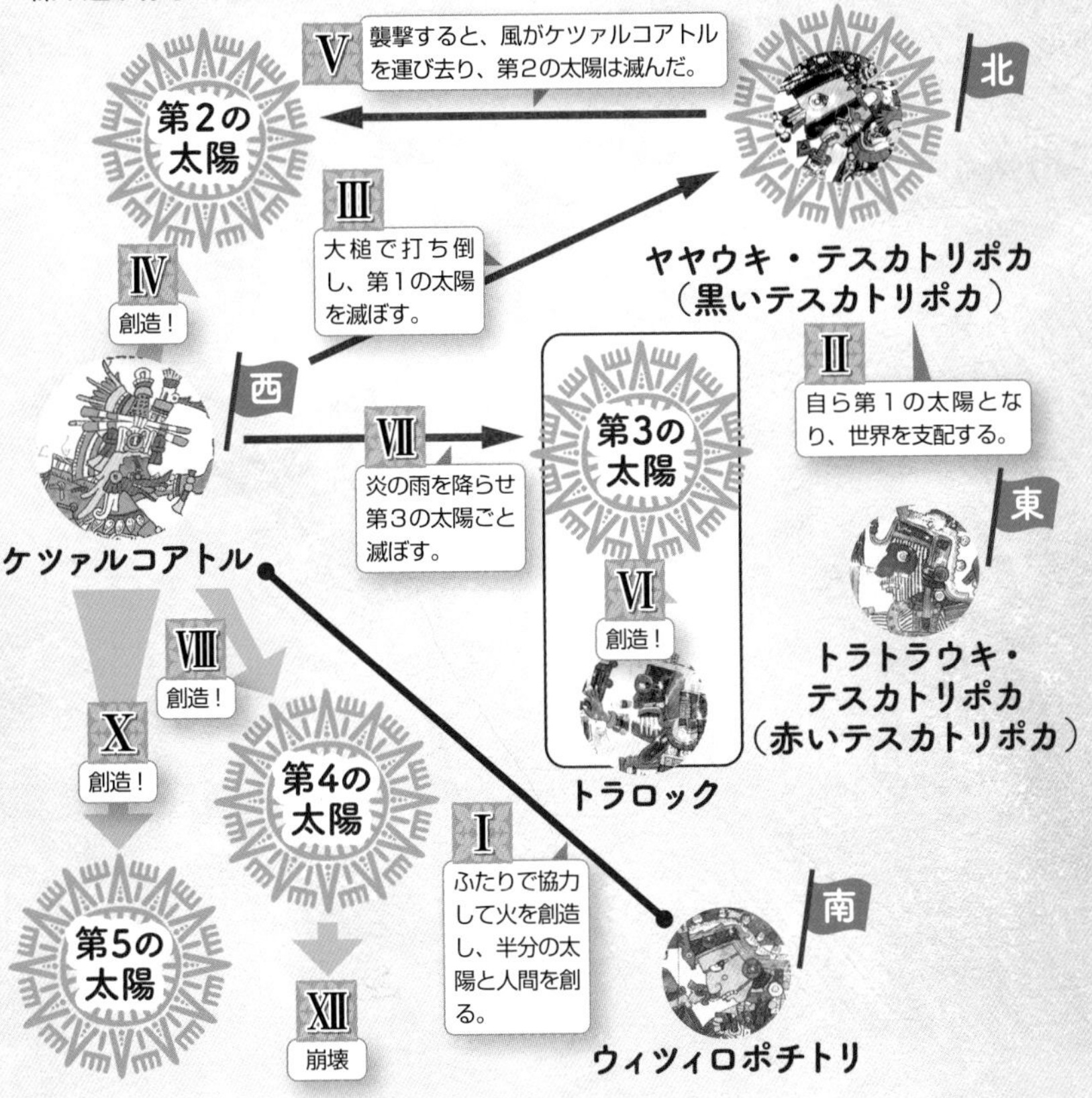

Ⅴ
襲撃すると、風がケツァルコアトルを運び去り、第2の太陽は滅んだ。
第2の太陽
北
Ⅲ
大槌で打ち倒し、第1の太陽を滅ぼす。
Ⅳ
創造！
ヤヤウキ・テスカトリポカ（黒いテスカトリポカ）
Ⅱ
自ら第1の太陽となり、世界を支配する。
西
Ⅶ
炎の雨を降らせ第3の太陽ごと滅ぼす。
第3の太陽
東
ケツァルコアトル
Ⅵ
創造！
Ⅷ
創造！
トラトラウキ・テスカトリポカ（赤いテスカトリポカ）
Ⅹ
創造！
第4の太陽
トラロック
Ⅰ
ふたりで協力して火を創造し、半分の太陽と人間を創る。
南
第5の太陽
Ⅻ
崩壊
ウィツィロポチトリ

もっと知りたい！ マヤ・アステカ・インカ神話

人間の創造

第5の太陽が現れたのち、人類の創造が語られます。神々にとって太陽が輝き続けるためには犠牲となる人間が必要でした。地下の世界の貴重な骨から人間を再生することにします。

そこでケツァルコアトルは、地下の王ミクトランテクトリを欺いて一度は骨を手にしますが、ミクトランテクトリの妨害で骨が粉々に砕けてしまいました。それを拾い集めて持ち帰ると、骨は粉にされて壺のなかに入れられ、ケツァルコアトルがそこへ自分の血を注ぎました。神々もまた苦行を行ない、こうした犠牲のもとに人間が誕生したのでした。

アステカ王国の建国

ウィツィロポチトリは、アステカ族を建国の地へと導きました

アステカの建国神話は、アストランに暮らすアステカ族が、故郷を捨て、約束の地へと旅立つところから始まる。やがて、私の導きによってテスココ湖へ至った彼らは、湖の上に壮大な都市を築くであろう。アステカの民よ、生命の源である太陽神である私に心臓と血を捧げよ!

ウィツィロポチトリ

太陽の創造と破壊が繰り返され、やがて現世となる第5の太陽の時代を迎えました。

アステカ族は、ケツァルコアトルの弟で、太陽神で軍神とされるウィツィロポチトリの導きによって王国を建国します。

その契機となったのは、12世紀の前半、アストランに暮らすアステカ族の前に現われたウィツィロポチトリが、新たな土地を目指して旅立つよう命じた神託でした。このアストランの所在地は不明ですが、メキシコ北西部に位置していたと考えられています。

こうしてウィツィロポチトリに導かれた、アステカ族の長く苦しい旅が始まりました。やがて14世紀の初頭、一行がテスココ湖に至った時、神からここが約束の地であり、湖の上に都を建設するよう命じられます。彼らは小さな島を拠点に湖を埋め立て、水上都市テノチティトランを築きました。これが中央アメリカの最大都市国家となるアステカ王国の建国です。

一度に数百人の生贄が捧げられたアステカの儀式

彼らは以降、周辺の都市に戦争を仕掛け、勢力を拡大し、やがてメキシコ中央高原の覇者となります。

この激しい戦いは勢力拡大と同時に、ウィツィロポチトリに捧げる大量の生贄《いけにえ》となる人間を確保する戦いでもありました。

生贄の儀式は周辺の都市国家でも行われていましたが、アステカは特に規模が大きく盛んだったといいます。アステカでは一度に数百人もの捕虜が生贄とされ、えぐり出された心臓が世界を維持するために神に捧げられたのでした。

アステカ族の旅とテノチティトランの建設

12世紀の前半、アストランに暮らすアステカ族の人々の前にウィツィロポチトリが現れて、新たな土地を目指して旅立つよう神託を下した。アステカ族の人々はこのお告げに従ってテスココ湖に至り、テノチティトランを建設したという。

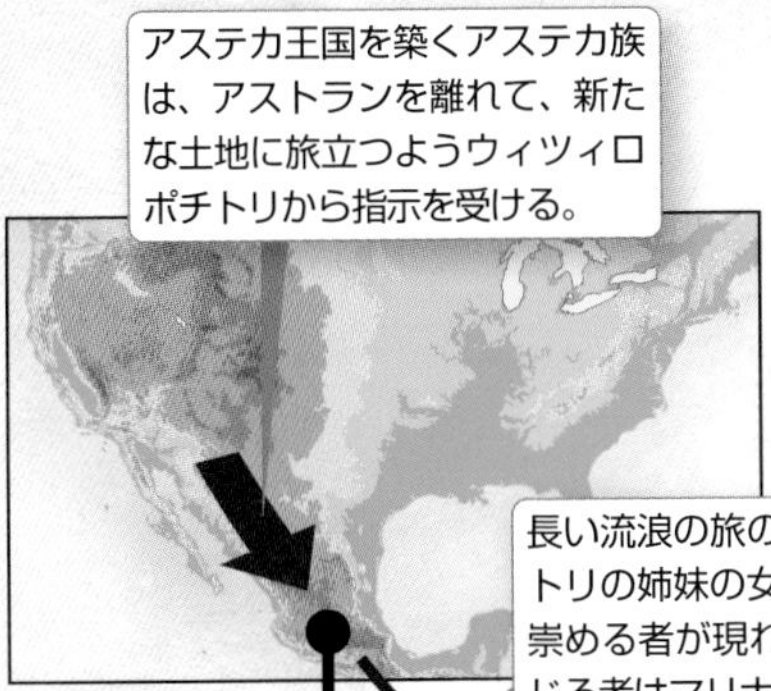

アステカ王国を築くアステカ族は、アストランを離れて、新たな土地に旅立つようウィツィロポチトリから指示を受ける。

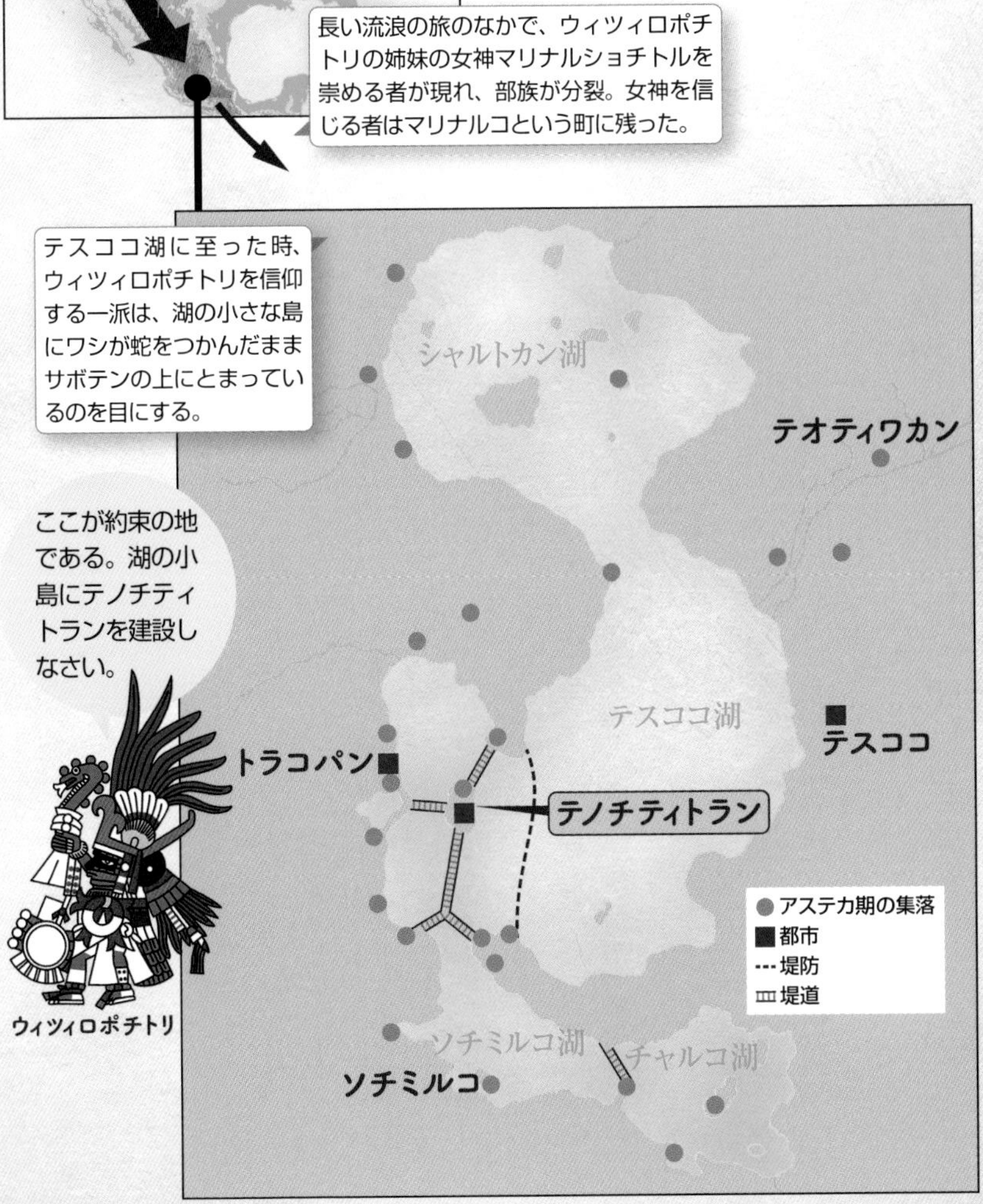

長い流浪の旅のなかで、ウィツィロポチトリの姉妹の女神マリナルショチトルを崇める者が現れ、部族が分裂。女神を信じる者はマリナルコという町に残った。
テスココ湖に至った時、ウィツィロポチトリを信仰する一派は、湖の小さな島にワシが蛇をつかんだままサボテンの上にとまっているのを目にする。
ここが約束の地である。湖の小島にテノチティトランを建設しなさい。
ウィツィロポチトリ
シャルトカン湖
テオティワカン
テスココ湖
テスココ
トラコパン
テノチティトラン
ソチミルコ湖
チャルコ湖
ソチミルコ
アステカ期の集落
都市
堤防
堤道

インカ帝国の始まり

チチカカ湖より現れた創造神は、人類教化のために旅立ちました

ビラコチャ

インカを創造したのはチチカカ湖より現れたわしビラコチャじゃ。太陽や月とともに石から人間も作り、各地にも出現させたのだ。わしも各地を回って人を教え諭したが、人はなかなかいうことを聞いてはくれぬ。それゆえわしの像の面はよく涙を流しているらしいのう。

南米西部に栄えたインカ帝国では口承によって神話が伝えられてきました。

その中核となるのは、メキシコのケツァルコアトルに類似したビラコチャによる創造神話です。

チチカカ湖から出現したビラコチャは、天地を創造し、太陽と月、星を創り、その運行を定めます。

その後、石像から人間を創ると、それに生気を吹き込み、言語、衣服、食べ物など生活に必要なものを与え、各地へと旅立たせました。

人々は定められた場所へ行き、山や川からさらに人々を呼び出し、その地に住まわせました。

自ら各地を放浪し、人々に生活を教えて回った創造神

ビラコチャ自身も物乞いに身をやつして北に旅立ち、地中から人を呼び出します。そして人々に暮らしを教えて回ります。

一方でビラコチャは、神の声を聴こうとしない人を石像にする恐ろしい一面も持っていました。カチャという町で人が武器を持って争った時には、天から炎を降らし、山を焼き尽くすといった懲罰を与えています。しかし、人々が武器を手放すと怒りを鎮めたため、人々はビラコチャを神として敬い、神殿に祀《まつ》ったといわれます。

このようにビラコチャは人々を教えさとしながらペルー各地を巡り、現在のエクアドル付近にあたるプエルト・ビエホの海岸へとたどり着きます。

そしてそこから西の海へと立ち去り姿を消しました。マントを舟代わりにしたとも、あるいは海上を歩いたともいわれています。

ビラコチャの旅

インカ帝国の創造神ビラコチャは、チチカカ湖に出現し、世界を創造して人間に文明を授けると、海上に姿を消したという。

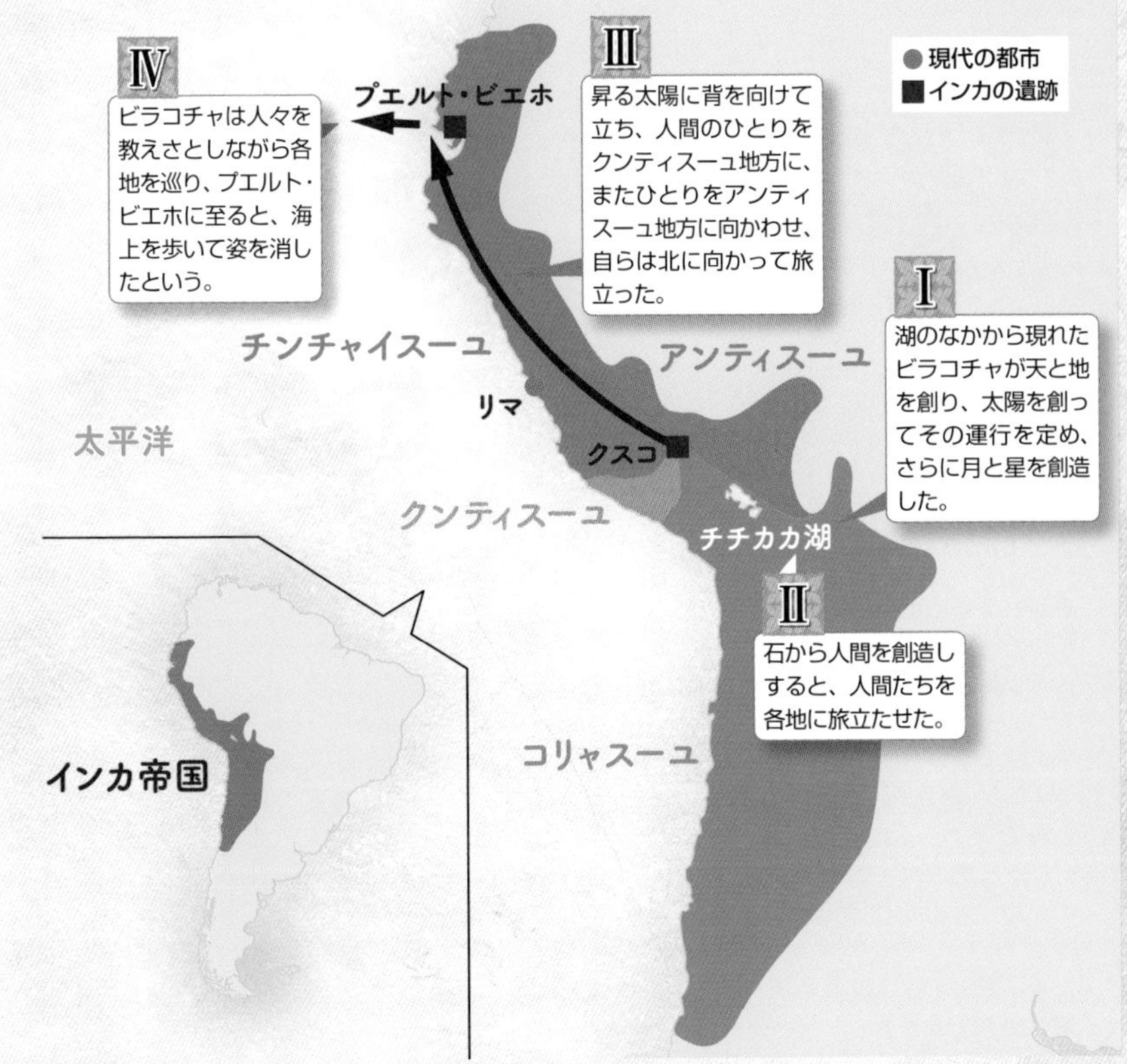

Ⅳ
ビラコチャは人々を教えさとしながら各地を巡り、プエルト・ビエホに至ると、海上を歩いて姿を消したという。
プエルト・ビエホ
Ⅲ
昇る太陽に背を向けて立ち、人間のひとりをクンティスーユ地方に、またひとりをアンティスーユ地方に向かわせ、自らは北に向かって旅立った。
● 現代の都市
■ インカの遺跡
Ⅰ
湖のなかから現れたビラコチャが天と地を創り、太陽を創ってその運行を定め、さらに月と星を創造した。
チンチャイスーユ
アンティスーユ
リマ
太平洋
クスコ
クンティスーユ
チチカカ湖
Ⅱ
石から人間を創造しすると、人間たちを各地に旅立たせた。
インカ帝国
コリャスーユ

もっと知りたい！ マヤ・アステカ・インカ神話

王権神話

インカでは王権神話も語り継がれています。ある時８人の兄弟姉妹が現れましたが、なかでも勇猛なアヤル・カチを怖れたほかの兄弟がカチを殺します。ところがカチが天空に出現し、都をクスコに築くよう命じ、マンコ・カパックがクスコに行って初代皇帝になりました。

もうひとつ、太陽神インティの神話では、インティが娘と息子を地上に送り、人間に農耕や牧畜、法などを教え、黄金の杖が沈む地に太陽の都を建設させたというもの。クスコに都が築かれ、マンコ・カパックが初代皇帝となった点は、王権起源神話として共通しています。

世界の神話を
もっと深く知りたい人のための
ブックガイド

● 神話の原典を読む

『ギリシア神話』●アポロドーロス著、高津春繁訳（岩波書店）
『ヘシオドス神統記』●廣川洋介訳（岩波書店）
『ヘーシオドス仕事と日』●松平千秋訳（岩波書店）
『アエネーイス（上・下）』●ヴェルギリウス作、泉井久之助訳（岩波書店）
『ホメロス イリアス（上・下）』●ホメロス著、松平千秋訳（岩波書店）
『ホメロス オデュッセイア（上・下）』●ホメロス著、松平千秋訳（岩波書店）
『変身物語（上・下）』●オウィディウス著、中村善也訳（岩波書店）
『ゲルマン北欧の英雄伝説 ヴォルスンガ・サガ』●菅原邦城訳（東海大学出版会）
『エッダ—古代北欧歌謡集』
● V.G. ネッケル、H. クーン、A. ホルツマルク、J. ヘルガソン、谷口幸男訳（新潮社）
『中世イギリス英雄叙事詩ベーオウルフ』●忍足欣四郎（岩波書店）
『海外文学セレクション トーイン クアルンゲの牛捕り』
●キアラン・カーソン、栩木伸明訳（東京創元社）
『マビノギオン 中世ウェールズ幻想物語集』●中野節子訳（JULA 出版局）
『オシァン』●中村徳三郎訳（岩波書店）
『筑摩世界文學大系1古代オリエント集』●杉勇訳者代表（筑摩書房）
『ギルガメシュ叙事詩』●矢島文夫訳（筑摩書房）
『エジプト神話集成』●杉勇訳・屋形禎亮訳（筑摩書房）
『リグ・ヴェーダ讃歌』●辻直四郎訳（岩波書店）
『マハーバーラタ ナラ王物語』●鎧淳（岩波書店）
『ラーマヤン—ラーム神王行伝の湖—』●ツルシダース、池田運訳（講談社）
『新訳ラーマーヤナ（全7巻）』●中村了昭訳（平凡社）
『原典訳マハーバーラタ（全7巻）』●上村勝彦訳（筑摩書房）
『マハバーラト（第四巻）』●池田運訳（講談社）
『ポポル・ヴフ』●林屋永吉訳（中央公論社）
『マヤ・インカ神話伝説集』●松村武雄編（社会思想社）

● 世界の神話のあらすじがわかる

『ギリシア神話（上・下）』●呉茂一（新潮社）
『ギリシア神話 知れば知るほど』●丹羽隆子（実業之日本社）
『北欧神話と伝説』●ヴィルヘルム・グレンベック、山室静訳（講談社）
『北欧神話』● H.R. エリス・デイヴィッドソン、米原まり子・一井知子訳（青土社）
『北欧神話』●菅原邦城（東京書籍）
『いちばんわかりやすい北欧神話』●杉原梨江子（実業之日本社）
『ケルト神話と中世騎士物語—「他界」への旅と冒険』●田中仁彦（中央公論新社）
『いちばんわかりやすいインド神話』●天竺奇譚（実業之日本社）
『図説マヤ・アステカ神話宗教事典』
●メアリ・ミラー、カール・タウベ、武井摩利訳、増田義郎監修（東洋書林）

● 世界の神々がわかる

『世界の神話伝説図鑑』●フィリップ・ウィルキンソン編、大山晶訳、井辻朱美監修（原書房）
『ヴィジュアル版世界の神話百科—ギリシア・ローマ／ケルト／北欧』
●アーサー・コットレル、松村一男・蔵持不三也他訳（原書房）
『ヴィジュアル版世界の神話百科—東洋編』
●レイチェル・ストーム、山本史郎・山本泰子訳（原書房）
『エソテリカ事典シリーズ⑤世界の神々の事典』●松村一男（学研）
『図説古代ギリシア』●ジョン・キャンプ　エリザベス・フィッシャー（東京書籍）
『図説古代マヤ文明』●寺崎秀一郎（河出書房新社）
『ギリシア・ローマの神話—人間に似た神さまたち—』●吉田敦彦（筑摩書房）
『ギリシア・ローマ神話人物記—絵画と家系図で描く100人の物語』
●マルコム・デイ、山崎正浩訳（創元社）

● 神話を育んだ文化がわかる

『ヴィジュアル版ギリシア・ローマ文化誌百科〔上〕』
●ナイジェル・スパイヴィー、マイケル・スクワイア著、小林雅夫・松原俊文監訳（原書房）
『ヴェルギリウス アエネーイス』●小川正廣訳（岩波書店）
『ケルト事典』●ベルンハルト・マイヤー、鶴岡真弓監修、平島直一郎訳（創元社）
『ケルト神話—女神と英雄と妖精と』●井村君江（筑摩書房）
『ケルト文化事典』●ジョン・マルカル、金光仁三郎・渡邉浩司訳（大修館書店）
『シュメル神話の世界—粘土板に刻まれた最古のロマン』●小林登志子、岡田明子（中央公論新社）
『古代エジプトなるほど事典』●吉村作治監修（実業之日本社）
『古代ギリシア人の生活文化』● J.P. マハフィー著、遠藤光・遠藤輝代訳（八潮出版社）
『ペルシアの神話—「王書」（シャー・ナーメ）より』●黒柳恒男編訳（泰流社）
『インド神話物語百科』●マーティン・J・ドハティ、井上廣美訳（原書房）
『インド神話伝説辞典』●菅沼晃（東京堂出版）
『世界動物神話』●篠田知和基（八坂書房）
『総解説：世界の神話伝説』（自由国民社）
『世界神話事典—創世神話と英雄伝説』●大林太良、吉田敦彦、伊藤清司、松村一男（KADOKAWA）

※本書はこれらの文献を参考とさせて頂きました。